Análisis y actuaciones en diferentes contextos de intervención (salud y sexualidad, educación, ocio, deporte, conciliación de la vida personal, familiar y laboral, movilidad y urbanismo y gestión de tiempos)

Inmaculada Cuberos Casado

ic editorial

Análisis y actuaciones en diferentes contextos de intervención (salud y sexualidad, educación, ocio, deporte, conciliación de la vida personal, familiar y laboral, movilidad y urbanismo y gestión de tiempos)
© Inmaculada Cuberos Casado

1ª Edición

© IC Editorial, 2024

Editado por: IC Editorial
c/ Cueva de Viera, 2, Local 3
Centro Negocios CADI
29200 Antequera (Málaga)
Teléfono: 952 70 60 04
Fax: 952 84 55 03
Correo electrónico: iceditorial@iceditorial.com
Internet: www.iceditorial.com

ISBN: 978-84-1184-497-0
Depósito Legal: MA-2836-2024

Impresión: PODiPrint
Impreso en Andalucía – España

Nota de la editorial: IC Editorial pertenece a Innovación y Cualificación S. L.

Presentación del manual

El **Certificado de Profesionalidad** es el instrumento de acreditación, en el ámbito de la Administración laboral, de las cualificaciones profesionales del Catálogo Nacional de Cualificaciones Profesionales adquiridas a través de procesos formativos o del proceso de reconocimiento de la experiencia laboral y de vías no formales de formación.

El elemento mínimo acreditable es la **Unidad de Competencia.** La suma de las acreditaciones de las unidades de competencia conforma la acreditación de la competencia general.

Una **Unidad de Competencia** se define como una agrupación de tareas productivas específica que realiza el profesional. Las diferentes unidades de competencia de un certificado de profesionalidad conforman la **Competencia General,** definiendo el conjunto de conocimientos y capacidades que permiten el ejercicio de una actividad profesional determinada.

Cada **Unidad de Competencia** lleva asociado un **Módulo Formativo,** donde se describe la formación necesaria para adquirir esa **Unidad de Competencia,** pudiendo dividirse en **Unidades Formativas.**

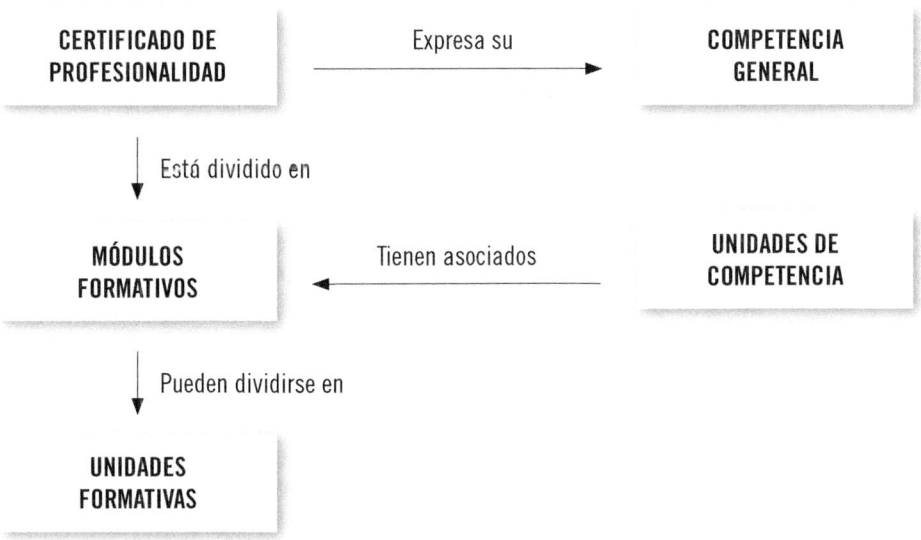

El presente manual desarrolla la Unidad Formativa **UF2687: Análisis y actuaciones en diferentes contextos de intervención (salud y sexualidad, educación, ocio, deporte, conciliación de la vida personal, familiar y laboral, movilidad y urbanismo y gestión de tiempos),**

perteneciente al Módulo Formativo **MF1583_3: Acciones para la igualdad efectiva de mujeres y hombres,**

asociado a la unidad de competencia **UC1583_3: Participar en la detección, análisis, implementación y evaluación de proyectos para la igualdad efectiva de mujeres y hombres,**

del Certificado de Profesionalidad **Promoción para la igualdad efectiva de mujeres y hombres.**

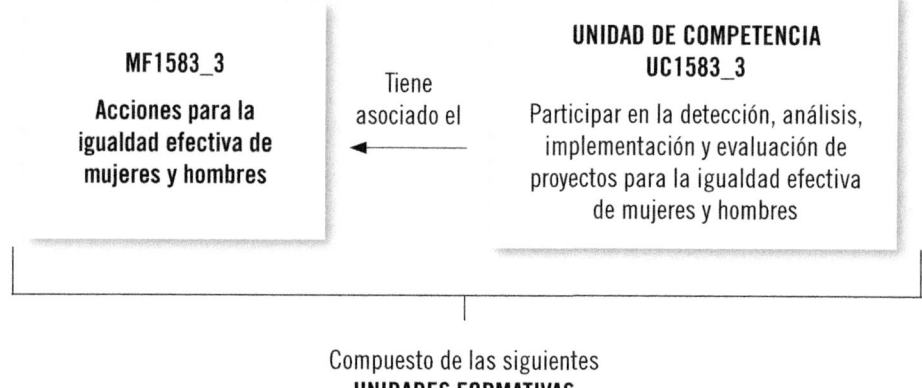

MF1583_3

Acciones para la igualdad efectiva de mujeres y hombres

Tiene asociado el

UNIDAD DE COMPETENCIA
UC1583_3

Participar en la detección, análisis, implementación y evaluación de proyectos para la igualdad efectiva de mujeres y hombres

Compuesto de las siguientes
UNIDADES FORMATIVAS

UF2683
Aplicación de conceptos básicos de la teoría de género y del lenguaje no sexista

UF2687
Análisis y actuaciones en diferentes contextos de intervención (salud y sexualidad, educación, ocio, deporte, conciliación de la vida personal, familiar y laboral, movilidad y urbanismo y gestión de tiempos)

UNIDAD FORMATIVA DESARROLLADA EN ESTE MANUAL

FICHA DE CERTIFICADO DE PROFESIONALIDAD

(SSCE0212) PROMOCIÓN PARA LA IGUALDAD EFECTIVA DE MUJERES Y HOMBRES (R. D. 990/2013, de 13 de diciembre)

COMPETENCIA GENERAL: Detectar situaciones de desigualdad, visibilizándolas ante el conjunto de la sociedad, trabajando en su prevención y en su erradicación en colaboración con el equipo de intervención, las instituciones y los agentes sociales, y potenciando la participación ciudadana de las mujeres; así como la articulación de procesos comunitarios enfocados hacia su «empoderamiento».

Cualificación profesional de referencia	Unidades de competencia		Ocupaciones o puestos de trabajo relacionados:
SSC451_3: PROMOCIÓN PARA LA IGUALDAD EFECTIVA DE MUJERES Y HOMBRES (R. D. 1096/2011, de 22 de julio)	UC1453_3	Promover y mantener canales de comunicación en el entorno de intervención, incorporando la perspectiva de género	• 37141017 Promotor/a de igualdad de oportunidades entre mujeres y hombres • Técnico/a de apoyo en materia de igualdad efectiva de mujeres y hombres • Promotor/a para la igualdad efectiva de mujeres y hombres • 3713041 Promotores de igualdad de oportunidades, en general
	UC1454_3	Favorecer la participación de las mujeres y la creación de redes estables que, desde la perspectiva de género, impulsen el cambio de actitudes en la sociedad y el «empoderamiento» de las mujeres	
	UC1582_3	Detectar e informar a organizaciones, empresas, mujeres y agentes del entorno de intervención sobre relaciones laborales y la creación, acceso y permanencia del empleo en condiciones de igualdad efectiva de mujeres y hombres	
	UC1583_3	Participar en la detección, análisis, implementación y evaluación de proyectos para la igualdad efectiva de mujeres y hombres	
	UC1584_3	Detectar, prevenir y acompañar en el proceso de atención a situaciones de violencia ejercida contra las mujeres	

Correspondencia con el Catálogo Modular de Formación Profesional

Módulos certificado	Unidades formativas	Horas
MF1453_3: Comunicación con perspectiva de género	UF2683: Aplicación de conceptos básicos de la teoría de género y del lenguaje no sexista	60
	UF2684: Procesos de comunicación con perspectiva de género en el entorno de intervención	80
MF1454_3: Participación y creación de redes con perspectiva de género	UF2683: Aplicación de conceptos básicos de la teoría de género y del lenguaje no sexista	60
	UF2685: Procesos de participación de mujeres y hombres y creación de redes para el impulso de la igualdad	70
MF1582_3: Promoción para la igualdad efectiva de mujeres y hombres en materia de empleo	UF2683: Aplicación de conceptos básicos de la teoría de género y del lenguaje no sexista	60
	UF2686: Análisis del entorno laboral y gestión de relaciones laborales desde la perspectiva de género	90
MF1583_3: Acciones para la igualdad efectiva de mujeres y hombres	UF2683: Aplicación de conceptos básicos de la teoría de género y del lenguaje no sexista	60
	UF2687: Análisis y actuaciones en diferentes contextos de intervención (salud y sexualidad, educación, ocio, deporte, conciliación de la vida personal, familiar y laboral, movilidad y urbanismo y gestión de tiempos)	80
MF1584_3: Detección, prevención y acompañamiento en situaciones de violencia contra las mujeres	UF2683: Aplicación de conceptos básicos de la teoría de género y del lenguaje no sexista	60
	UF2688: Análisis y detección de la violencia de género y los procesos de atención a mujeres en situaciones de violencia	70
MP0561: Módulo de prácticas profesionales no laborales		120

Índice

Capítulo 3
Establecimiento de procesos de información y sensibilización sobre el trabajo no remunerado en el ámbito doméstico y de cuidados

Capítulo 4
Aplicación de acciones en materia de salud y sexualidad, educación, ocio, deporte, conciliación de la vida personal, familiar y laboral, movilidad y urbanismo y gestión de tiempos con perspectiva de género

Capítulo 1
Métodos de observación de diferentes contextos desde la perspectiva de género (salud y sexualidad, educación, ocio, deporte, conciliación de la vida personal, familiar y laboral, movilidad y urbanismo y gestión de tiempos)

Contenido

1. Introducción

La perspectiva de género es un fenómeno o factor que cada día está teniendo más relevancia social, debido en parte a las numerosas campañas divulgativas. La importancia de esta igualdad de género debe hacerse manifiesta en los diferentes contextos en los que se desarrolla la vida diaria, es decir en los ámbitos de salud, sexualidad, educación, ocio, deporte, conciliación de la vida personal, familiar y laboral, movilidad, urbanismo y gestión de tiempos.

El presente capítulo se centrará en describir métodos de observación que lleven a identificar elementos básicos desde la perspectiva de género que están directamente relacionados con estos contextos.

Se estudiarán los espacios y tiempos de participación de hombres y mujeres, el concepto de calidad de vida en la mujer, los indicadores de bienestar asociados a los diferentes contextos y las brechas de género.

2. Mecanismos de identificación de elementos para la observación de los usos de espacios y tiempos de participación de hombres y mujeres

Dentro de los mecanismos de identificación referentes al uso de espacios y tiempos se estudiará la distribución social en cuanto a espacios y tiempos en los que mujeres y hombres participan activamente en los diferentes contextos.

Para ello, es necesario hacer una descripción de los distintos espacios en los que han participado mujeres y hombres a lo largo de la historia, estos son tanto los espacios públicos como los privados.

Además, es fundamental analizar la cantidad y calidad de tiempo dedicado a los mismos por ambos géneros y, por último, se tratarán los indicadores de género más estudiados al respecto.

En el comienzo de la historia, el espacio público estaba unido al ámbito servil, que pasó a consolidarse cuando se impuso el trabajo y el mercado libre. Tras este proceso, se produjo en la civilización un fortalecimiento entre los espacios públicos y privados. Así el ámbito público se convirtió en el espacio por naturaleza del hombre mientras que el privado quedaba relegado en su totalidad a la mujer. Esto "permitió mantener el orden social y la paz del hogar" (Cobo, 1995).

Posteriormente, la Revolución Industrial comenzó poco a poco a hacer más visible la participación de las mujeres en el ámbito laboral, aspecto crucial para continuar en el progreso de la igualdad de género.

2.1. Espacio público, espacio privado

Para ver la diferencia entre lo que significa el espacio privado y el público, es necesario hacer mención de otro espacio que ayudará a entender mejor ambos conceptos, este es el espacio doméstico.

Por un lado, está el espacio público que se identifica con la vida productiva: laboral, social, política y económica, el cual a lo largo de los tiempos se ha relacionado de forma más directa y visible con la figura masculina. Este espacio está relacionado directamente con el reconocimiento y la vida social.

En el lado opuesto, se encuentra el espacio doméstico, tradicionalmente ligado a la mujer, ya que se dedica al cuidado de los hijos, del hogar o incluso de las personas dependientes.

 Importante

El espacio público se relaciona con la productividad, el reconocimiento y la vida social. Tiene una relación más directa con los hombres.

Por último, se encuentra el espacio privado que para algunos autores engloba al doméstico. Este ámbito puede ser definido como aquel espacio que permite ocuparse de sí mismo, parcela de la que disfrutan principalmente los hombres después de su desempeño laboral en el ámbito público.

Este espacio privado para las mujeres queda relegado básicamente al cuidado del hogar o los hijos, inclusive después de su participación en el espacio público o bien de forma exclusiva, si no están participando activamente en el ámbito laboral.

Por estos motivos, el ámbito doméstico y el privado tienden a confundirse o usarse de forma única por algunos autores.

Ante estas diferencias entre espacio privado y público, algunos pueden entender y generalizar una situación de dependencia económica de la mujer respecto al hombre que es el que ocupa el espacio público y por tanto tiene bienes económicos. En el caso del espacio privado las tareas que la mujer realiza en el hogar no tienen ninguna retribución económica y, por tanto, estaría en situación de dependencia económica del hombre.

Desde el punto de vista más puramente de los ingresos podría describirse una menor autonomía e independencia femenina, sin embargo eso es totalmente erróneo si se generaliza a otras facetas de la vida. De este modo la mujer es totalmente autónoma e independiente en su vida, educación, salud, trabajo no remunerado, etc.

 Aplicación práctica

Si se encontrara trabajando en un ayuntamiento en el que necesitan hacer un estudio sobre las ocupaciones que la mujer desempeña en una zona concreta de una pequeña localidad, ¿qué dos espacios le interesaría investigar y comparar para ver la participación de las mujeres, la percepción propia y de los que les rodean?

SOLUCIÓN

Habría que centrarse en estudiar el porcentaje de personas que se dedican a trabajar fuera de casa (espacio público) y aquellas que están en casa aunque trabajando en tareas domésticas, cuidado de hijos, familiares a su cargo.

Además sería interesante ver los grados de satisfacción personal que tienen según en qué espacio se encuadren y las sensaciones de sus maridos, por ejemplo.

2.2. Cantidad, calidad y contenido de los tiempos disponibles

Una cuestión básica que se debe analizar en cuanto a los espacios público y privado es la cantidad y la calidad de estos espacios para hombres y mujeres.

El espacio público, entendido tal y como se ha descrito anteriormente, como el espacio del reconocimiento, es valorado en grados de competencia. En la actualidad, este espacio está siendo cada vez más ocupado por la mujer. Surge entonces la pregunta, ¿es la cantidad, calidad y el contenido arrojado por el trabajo de mujeres y hombres igual de productivo?

Las investigaciones muestran estadísticas diferentes en tanto en cuanto las variables que se tengan presentes. En algunos casos la cantidad de trabajo es entendida como mayor en el hombre, si se relaciona más con ocupaciones profesionales o técnicas, mientras que la mujer sobresale más en ocupaciones educativas o relacionadas con la salud.

En otros estudios se puede concluir que la cantidad y calidad de trabajo no tiene una relación directa con el sexo, sino más bien con las características personales, motivacionales, etc.

 Sabía que...

No existe una relación estadísticamente demostrable entre cantidad y calidad del trabajo realizado por hombres y mujeres.

Por el contrario, las actividades que se desarrollan en el espacio privado son las menos valoradas socialmente, independientemente de su contenido, la cantidad de trabajo u horas que conlleven o la calidad del trabajo desempeñado.

Al mismo tiempo, la valoración del espacio privado es más bien subjetiva, ya que no está sujeta a unos parámetros medibles de productividad. Así, si se compara entre varias excelentes amas de casa, todas ellas pueden ser igualmente excelentes, pues no hay manera de objetivarlo, de acuerdo con unos parámetros homologables que determinen su calidad, adecuación, funcionalidad, etc.

 Actividades

1. Explique con sus palabras y ponga un ejemplo de ámbito público y privado.
2. Desde su punto de vista, ¿la cantidad de tiempo en cuanto a la participación social de mujeres y hombres, es diferente? Razone su respuesta.

2.3. Principales indicadores de Género

Los indicadores de género se pueden definir como:

Un indicador es una medida, un número, un hecho, una opinión o una percepción que señala una situación o condición específica y que mide cambios en esa situación o condición a través del tiempo. Los indicadores son siempre una representación de un determinado fenómeno, pudiendo mostrar total o parcialmente una realidad.

Los indicadores de género tienen la función especial de señalar los cambios sociales en términos de relaciones de género a lo largo del tiempo. Su utilidad se centra en la habilidad de señalar:

La situación relativa de mujeres y hombres.

Los cambios producidos entre las mujeres y de los hombres en distintos momentos del tiempo.

(Dávila, M.: "Mainstreaming de género: conceptos y estrategias políticas y técnicas", 2008)

El auge de los indicadores de género comenzó un poco antes de los años 70 y sobre todo estaban centrados en determinar la eficacia y eficiencia de las políticas de desarrollo. No obstante, su uso se ha generalizado, ya que permite determinar de forma cuantitativa los avances y/o cumplimientos de los acuerdos alcanzados en relación a las políticas de género en los diferentes ámbitos, así como realizar un seguimiento de la evolución de la situación de hombres y mujeres.

 Importante

Los indicadores de género son medidas que permiten cuantificar las diferencias entre hombres y mujeres.

En la actualidad el trabajo en indicadores de género más relevante y en base al cual se determinan las políticas en torno al género en la Unión Europea se trata del *Gender Equality Index* establecido por el Instituto Europeo de la Igualdad de Género (EIGE).

El Instituto Europeo de la Igualdad de Género es una agencia de la Unión Europea que trabaja para la consecución de la igualdad real y efectiva de género en la Comunidad Europea, y fuera de ella. Su trabajo se centra en llevar a cabo investigaciones y elaborar series de datos, así como elaborar guías o catálogos de buenas prácticas.

Además algunos de los recursos que ofrece el EIGE son los siguientes:

- Elaboración del índice sobre la igualdad de género de la UE en el que se muestran las tendencias de la igualdad de género cada dos años.
- La plataforma sobre la integración de la perspectiva de género, que vincula la igualdad de género a distintos ámbitos de la sociedad.
- Elaboración de la base de datos sobre estadísticas de género, en la que se ofrecen datos y cifras de género.

- Glosario y tesauro, donde se explican los conceptos de la igualdad de género.
- Centro de recursos y documentación, donde se puede encontrar una biblioteca online con 500.000 documentos, incluidas publicaciones no disponibles en otras bibliotecas públicas.

Para la elaboración del Índice de Igualdad de Género de la UE, el trabajo del EIGE pasa por determinar una serie de indicadores de género a partir de los que poder tomar medidas cuantitativas, que sean fiables y eficaces para determinar el estado real de hombres y mujeres en la Unión Europea, dichos indicadores se recogen en la siguiente tabla.

Variables	Indicador	Descripción
Dimensión : Trabajo		
Participación	Tasa de empleo a tiempo completo (%, población de 15 a 89 años)	La tasa de empleo equivalente a tiempo completo (FTE, por sus siglas en inglés) es una unidad para medir a las personas empleadas de una manera que las hace comparables aunque puedan trabajar un número diferente de horas por semana. La unidad se obtiene comparando la cantidad promedio de horas trabajadas de un empleado con la cantidad promedio de horas trabajadas por un trabajador de tiempo completo. Por lo tanto, un trabajador a tiempo completo se cuenta como un FTE, mientras que un trabajador a tiempo parcial obtiene una puntuación proporcional a las horas que trabaja. Por ejemplo, un trabajador a tiempo parcial empleado durante 20 horas a la semana, donde el trabajo a tiempo completo consta de 40 horas, se cuenta como 0.5 FTE.
	Duración de la vida laboral (años, población de 15+)	El indicador de duración de la vida laboral (DWL, por sus siglas en inglés) mide el número de años que se espera que una persona de 15 años esté activa en el mercado laboral durante toda su vida. Este indicador se calcula con un modelo probabilístico que combina datos demográficos (tablas de vida disponibles de Eurostat para calcular las funciones de supervivencia) y datos del mercado laboral (tasas de actividad de la encuesta de población activa por grupo de edad). Se puede solicitar la metodología exacta de cálculo a Eurostat.

Continúa en página siguiente >>

Análisis y actuaciones en diferentes contextos de intervención (salud y sexualidad, educación, ocio, deporte, conciliación de la vida personal, familiar y laboral, movilidad y urbanismo y gestión de tiempos)

<< Viene de página anterior

Variables	Indicador	Descripción
Segregación	Empleos en educación, salud, y trabajos sociales (%, 15 -ocupados)	Se incluye el porcentaje de personas empleadas en las siguientes actividades económicas sobre el total de empleados (según el CNAE Rev 2): P. Educación + Q. Salud humana y trabajo social, como porcentaje de las actividades TOTALES (todas las actividades del CNAE).
	Capacidad para tomarse una hora o dos de descanso durante las horas de trabajo para atender asuntos personales o familiares (%, 15+ trabajadores)	¿Diría usted que el hecho de que usted se tome una hora o dos de descanso durante las horas de trabajo para atender asuntos personales o familiares es ...? 1 Muy fácil; 2 Bastante fácil; 3 Bastante difícil; 4 Muy difícil. Porcentaje de personas que respondieron 'muy fácil' de un total (1, 2, 3, 4).
	Índice de perspectivas profesionales (puntos, 0-100, +15 población)	El Índice de perspectivas de carrera es uno de los índices de calidad del trabajo desarrollado por Eurofound. Combina los indicadores de estado laboral (trabajador por cuenta propia o empleado), el tipo de contrato, las perspectivas de avance profesional según lo percibe el trabajador, la probabilidad percibida de perder el empleo y la experiencia de reducción de personal en la organización. Se mide en la escala de 0 a 100, donde cuanto más alto es la puntuación, mayor es la calidad del trabajo. Metodología exacta puede ser solicitada a Eurofound.

Dimensión: Economía

Variables	Indicador	Descripción
Recursos financieros	Rentas medias mensuales (EPA, +16 población activa)	Ganancias mensuales medias en EPA (Encuesta de Población Activa), en los sectores de Industria, construcción y servicios (excepto administración pública, defensa, seguridad social obligatoria) (CNAE_R2: B-S_X_O, grupo de edad total, que trabajan en empresas de 10 empleados o más).
	Renta neta media equivalente (EPA, 16+ población)	El ingreso disponible equivalente en EPA (Encuesta de Población Activa) es el ingreso total de un hogar, después de impuestos y otras deducciones, que está disponible para gastar o ahorrar, dividido por el número de miembros del hogar convertidos en adultos igualados. Los miembros del hogar se igualan o se hacen equivalentes al ponderar cada uno según su edad, utilizando la llamada escala de equivalencia modificada de la OCDE.

Continúa en página siguiente >>

<< Viene de página anterior

Variables	Indicador	Descripción
Situación económica	Tasa de riesgo de pobreza (%, 16 + población)	La tasa de riesgo de pobreza es la proporción de personas con un ingreso disponible equivalente (después de las transferencias sociales) por debajo del umbral de riesgo de pobreza, que se establece en el 60 % de la mediana del ingreso disponible equivalente nacional después de transferencias sociales.
	Distribución del ingreso S20/S80 (población de +16)	Calculado como [1 / (S80 / S20 ratio de participación en el quintil de ingresos) * 100]. El ratio S80/S20 es una medida de la desigualdad en la distribución del ingreso. Se calcula como la relación entre el ingreso total recibido por el 20 % de la población con el ingreso más alto (el quintil superior) y la recibida por el 20 % de la población con el ingreso más bajo (el quintil inferior). Para el Índice, se utiliza una versión 'invertida' de este indicador.

Dimensión : Conocimiento

Variables	Indicador	Descripción
Logros y participación	Graduados/as en educación superior (%, población de 15 a 89 años)	El logro educativo mide la proporción de personas con educación superior entre hombres y mujeres. Las personas con educación superior como su nivel más alto se completaron con éxito (niveles 5-8), porcentaje del total +15 de la población.
	Personas participantes en educación y formación formal o no formal (población de 15 a 74 años)	Porcentaje de personas que participan en educación y capacitación formal o no formal, en las últimas cuatro semanas.
Segregación	Estudios superiores en los campos de Educación, Salud y Bienestar, Humanidades y Artes (%, 15+ población)	Porcentaje de personas que estudian en las siguientes áreas: educación, artes y humanidades, y salud y bienestar.

Continúa en página siguiente >>

Análisis y actuaciones en diferentes contextos de intervención (salud y sexualidad, educación, ocio, deporte, conciliación de la vida personal, familiar y laboral, movilidad y urbanismo y gestión de tiempos)

<< Viene de página anterior

Variables	Indicador	Descripción
Dimensión : Tiempo		
Actividades de cuidado	Personas que cuidan y educan a sus hijos o nietos, ancianos o personas con discapacidad, todos los días (%, población 18-74)	Porcentaje de personas involucradas en al menos una de estas actividades de cuidado fuera del trabajo remunerado todos los días: cuidado de niños, nietos, ancianos y personas con discapacidad. Pregunta: (en general) ¿con qué frecuencia participa en alguna de las siguientes actividades fuera del trabajo remunerado?
	Personas que cocinan y/o hacen las tareas domésticas, todos los días (%, población 18-74)	Porcentaje de personas involucradas en la cocina y / o tareas domésticas fuera del trabajo remunerado, todos los días. Preguntas: ¿Con qué frecuencia participa en alguna de las siguientes actividades fuera del trabajo remunerado?
Actividades sociales	Trabajadores que realizan actividades deportivas, culturales o de ocio fuera de su hogar, al menos diariamente o varias veces a la semana. (%, 16-74 trabajadores)	Porcentaje de personas que trabajan que realizan actividades deportivas, culturales o de ocio al menos cada dos días (diariamente + varias veces al mes, en total).
	Trabajadores involucrados en actividades voluntarias o benéficas, al menos una vez al mes (%, 16-74 trabajadores)	Porcentaje de trabajadores que participan en actividades voluntarias o caritativas, al menos una vez al mes.

Continúa en página siguiente >>

<< Viene de página anterior

Variables	Indicador	Descripción
Dimensión : Poder		
Político	Cuota de ministros (%)	Porcentaje de ministros. Gobiernos nacionales, ministros principales y subalternos. Las estadísticas de población se basan en la base de datos de estadísticas de género (WMID).
	Cuota de miembros del parlamento (%)	Proporción de miembros del parlamento. Parlamentos nacionales (ambas cámaras). Las estadísticas de población se basan en la base de datos de estadísticas de género (WMID).
	Cuota de miembros en asambleas regionales/municipios locales (%)	Porcentaje de miembros de las asambleas regionales / municipios locales. Si no existen asambleas regionales en el país, se incluyen políticas a nivel local. Las estadísticas de población se basan en la base de datos de estadísticas de género (WMID).
Económico	Porcentaje de miembros de consejos de administración, consejos de supervisión o consejos de administración de las mayores empresas que cotizan en bolsa (%)	Proporción de miembros de los consejos de administración de las grandes empresas que cotizan en bolsa. Las estadísticas de población se basan en la base de datos de estadísticas de género (WMID).
	Cuota de miembros en el banco central (%)	Proporción de miembros de la junta directiva del banco central. Las estadísticas de población se basan en la base de datos de estadísticas de género (WMID).
Social	Proporción de miembros de la junta de organizaciones de financiación de la investigación (%)	Porcentaje de miembros de los máximos órganos de toma de decisiones de las organizaciones que financian la investigación. Las estadísticas de población se basan en la base de datos de estadísticas de género (WMID).
	Proporción de miembros de la junta en organismos de radiodifusión de propiedad pública (%)	Porcentaje de miembros de los consejos de administración de los organismos públicos de radiodifusión. Las estadísticas de población se basan en la base de datos de estadísticas de género (WMID).

Continúa en página siguiente >>

Análisis y actuaciones en diferentes contextos de intervención (salud y sexualidad, educación, ocio, deporte, conciliación de la vida personal, familiar y laboral, movilidad y urbanismo y gestión de tiempos)

<< Viene de página anterior

Variables	Indicador	Descripción
Social	Proporción de los miembros del máximo órgano de decisión de las organizaciones deportivas olímpicas nacionales (%)	Porcentaje de miembros del máximo órgano de toma de decisiones de las 10 organizaciones deportivas olímpicas nacionales más populares. Las estadísticas de población se basan en la base de datos de estadísticas de género (WMID).

Dimensión : Salud

Variables	Indicador	Descripción
Estado	Salud autopercibida buena o muy buena (%, 16+ población)	Porcentaje de personas que evalúan su salud como "Muy buena" o "Buena" del total. El concepto se pone en práctica mediante una pregunta sobre cómo una persona percibe su salud en general, utilizando una de las categorías de respuesta muy buena / buena / regular / mala / muy mala.
	Esperanza de vida al nacer (años)	La esperanza de vida a una cierta edad es el número medio adicional de años que una persona de esa edad puede esperar vivir, si se la somete durante el resto de su vida a las condiciones de mortalidad actuales.
	Años de vida saludable al nacer (años)	Los años de vida saludable miden la cantidad de años restantes que se espera que una persona de una edad específica viva sin ningún problema de salud grave o moderado. HLY es un indicador compuesto que combina datos de mortalidad con datos del estado de salud del minimódulo de salud (EU-SILC): la pregunta que se percibe a sí misma, que tiene como objetivo medir el alcance de cualquier limitación, durante al menos seis meses, debido a un problema de salud. Problema que puede haber afectado a los encuestados en cuanto a las actividades que realizan habitualmente.
Comportamiento	Personas que no fuman, no beben de forma perjudicial (%, 15 población)	Porcentaje de personas que no están involucradas en conductas de riesgo, es decir, no fuman y no están involucradas en el consumo excesivo de alcohol. El consumo excesivo de alcohol es la ingesta de 6 bebidas o más de 60 g de alcohol puro en una ocasión, mensualmente o con mayor frecuencia, durante los últimos 12 meses. Una bebida se define como un vaso de vino, un vaso de cerveza, un trago de whisky, etc. Todo el mundo que fuma y / o está involucrado en un consumo nocivo de alcohol se considera un riesgo.

Continúa en página siguiente >>

<< Viene de página anterior

Variables	Indicador	Descripción
Acceso	Personas que hacen actividades físicas y /o consumen frutas y verduras (%, 15 población)	Porcentaje de personas que son físicamente activas al menos 150 min por semana y/o consumen al menos 5 porciones de frutas y verduras por día. Ambos reflejan la recomendación oficial de la OMS. Eurostat proporciona información sobre el tiempo dedicado a la actividad física aeróbica para mejorar la salud (no relacionada con el trabajo) (en minutos por semana), incluidos los deportes y el ciclismo para ir y venir de lugares. Cinco porciones (400 g) de frutas y verduras excluyen los zumos de los concentrados y las patatas (almidones)
	Población con necesidades insatisfechas de exámenes médicos (%, 16+ población)	Autoinforme de necesidades insatisfechas de un examen médico. Las variables se refieren a la propia evaluación del encuestado de si él o ella necesitó un examen o tratamiento, pero no lo tuvo. Porcentaje de personas "No hay necesidades no declaradas". Atención médica: se refiere a los servicios de atención médica individuales (examen o tratamiento médico excluyendo la atención dental) proporcionados por o bajo la supervisión directa de médicos o profesiones equivalentes según los sistemas nacionales de atención.
	Personas con necesidades insatisfechas de examen dental (%, 16+ población)	Autoinforme de necesidades insatisfechas de un examen dental. Las variables se refieren a la propia evaluación del encuestado de si él o ella necesitó el examen o el tratamiento, pero no lo tuvo. Porcentaje de personas "Ninguna necesidad insatisfecha de declarar". Atención dental: se refiere a los servicios de atención médica individuales proporcionados por o bajo la supervisión directa de estomatólogos (dentistas). La atención de salud proporcionada por los ortodoncistas está incluida.

Dimensión : Violencia

Actualmente no se valora a nuestro país en esta variable por no existir datos de comparación en la UE. La recogida de la información finalizará en 2023 y ya se podrá puntuar a España en el Índice de Igualdad de Género en 2024.

Fuente: Índice de Igualdad de Género 2023 (EIGE)

Aplicación práctica

Imagine que está realizando un estudio en su ciudad donde está poniendo en relación el nivel de ingresos de la mujeres de su ciudad con los estudios que han realizado las mismas, ¿Cuáles de los indicadores de los recogidos en el Gender Equality Index debería utilizar?

SOLUCIÓN

Dentro de la dimensión economía debería extraer los datos correspondientes a la variable: Ganancias medias mensuales (EPA, población activa), para lo que debería calcular las ganancias mensuales medias, en los sectores de Industria, construcción y servicios (excepto administración pública, defensa, seguridad social obligatoria) clasificados por grupo de edad, y tipos de empresas.

Además debería tener en cuenta la dimensión conocimiento, la variable logro y participación, y establecer el indicador del número de graduadas en educación superior (%, 15+ población). El logro educativo mide la proporción de personas con educación superior entre hombres y mujeres. Las personas con educación superior como su nivel más alto se completaron con éxito (niveles 5-8), porcentaje del total +15 de la población.

3. Aplicación del concepto de calidad de vida desde la perspectiva de género

A continuación, se define el concepto de calidad de vida en términos generales haciendo una reflexión sobre cómo ha sido entendido a lo largo de la historia. Posteriormente se analizará la aplicación que este concepto tiene respecto a la perspectiva de género.

La calidad de vida es un aspecto del que van a depender otros rasgos de la vida y que está determinado por algunos factores de tipo material, ambiental o relacional.

3.1. Concepto de calidad de vida

El concepto de calidad de vida es un término multidimensional que significa tener en general unas condiciones objetivas de vida satisfactorias junto con un elevado grado de bienestar personal, este último entendido en términos subjetivos.

Cuando se habla de calidad de vida no se puede olvidar que dicha expresión lleva implícita la satisfacción de necesidades tanto individuales como colectivas. Es en este punto donde las políticas sociales juegan un papel decisivo.

Han sido muchos los autores que han definido el concepto y que han realizado estudios longitudinales. Una de las definiciones más específicas es la que entiende el concepto como "un estado de bienestar físico, social, emocional, espiritual, intelectual y ocupacional que le permite al individuo satisfacer apropiadamente sus necesidades individuales y colectivas" (Guisti, 1991).

En términos coloquiales se puede afirmar que hablar de calidad de vida es tratar de lograr que cada persona tenga diariamente una vida que valga la pena ser vivida y eso va muy unido a lo que se define a continuación como bienestar personal.

El término calidad de vida contiene dos dimensiones:

- El nivel de vida real en términos objetivos. Este ha sido el enfoque tradicionalmente ligado al concepto, entendiéndose como la inclusión de ciertos aspectos en la vida de la persona (ingresos económicos, recursos sociales y aspectos materiales).
- El bienestar personal, concebido como la percepción individual de esta situación *(well-being)*. Este concepto ha sido acuñado más recientemente, siendo definido como una cualidad personal que permite obtener esa satisfacción o vivirla de manera positiva.

Nota

La calidad de vida es un término multidimensional que comprende un estado de bienestar físico, social, emocional, espiritual, intelectual y ocupacional.

3.2. Factores que comprende el concepto de calidad de vida

Hay una serie de factores que engloban el concepto de calidad de vida y de los cuales depende el mismo. Estos factores comprenderían: factores materiales, ambientales, relacionales, sentimiento de bienestar y recursos organizativos gubernamentales.

A continuación, se describen poniendo ejemplos de los mismos para su mayor clarificación:

- **Factores materiales:** comprenden aquellos elementos de tipo pragmático que pueden estar influyendo en la calidad de vida personal. Entre ellos se encuentran los siguientes: ingresos disponibles, posición en el mercado laboral (activo, desempleado, etc.), salud, nivel educativo, etc.
- **Factores ambientales:** estos factores recogen las características de la comunidad en la que se vive. Dentro de ellas se incluyen: presencia de servicios de uso general, acceso a dichos servicios, grado de seguridad existente en la zona, criminalidad, transporte y medios de desplazamiento, nuevas tecnologías, características del hogar, etc.
- **Factores relacionales:** dentro de estos factores se engloban las relaciones que las personas pueden hacer con otros individuos, tanto de forma directa como multimedia. Entre ellos destacan: relaciones con la familia próxima y externa, interacciones con amigos, contacto con conocidos, redes sociales.
- **Recursos organizativos gubernamentales:** son descritos como aquellos recursos sociales que las diferentes entidades ponen al alcance de la humanidad. Dentro de los recursos organizativos están: recursos para el ocio

(bibliotecas, polideportivos...), sistemas sanitarios (hospitales, centros de salud...), organizaciones educativas (escuelas, conservatorios...), etc.

■ **Sentimiento de bienestar:** hace referencia al concepto que la persona tiene de su situación personal, lo cual está muy relacionado con el autoconcepto, tanto personal como social. Se concibe como una cualidad personal que logra que el ser humano esté más predispuesto a disfrutar de la vida en general.

 Actividades

5. Desde su punto de vista, ¿existirían diferencias entre mujeres y hombres en cuanto a factores relacionales? Justifique su respuesta.
6. Explique con sus palabras y ponga algún ejemplo sobre el sentimiento de bienestar que va unido a la calidad de vida.

Si se analizan estos factores de forma diferenciada desde la perspectiva de género se pueden entender pequeñas diferencias entre hombres y mujeres, de ahí que la calidad de vida esté distorsionada a nivel de igualdad.

De este modo, quizá los factores menos propicios para la mujer sean los materiales al estar, en general, menos disponibles para ellas. Esto se refiere, a modo de ejemplo, a la posibilidad de empleo o los ingresos económicos.

Del mismo modo, el bienestar es un factor condicionante negativo para el sexo femenino, debido a la mayor posibilidad de que las mujeres perciban sentimientos de soledad y aislamiento en concordancia con factores ambientales, personales o materiales.

La mayoría de estudios relacionan conjuntamente estos factores vinculados a la calidad de vida con enfermedades físicas, concluyendo menor calidad de vida en la mujer tras padecer enfermedades crónicas o graves como pueden ser fibromialgia, alteraciones cardiovasculares o cáncer.

Análisis y actuaciones en diferentes contextos de intervención (salud y sexualidad, educación, ocio, deporte, conciliación de la vida personal, familiar y laboral, movilidad y urbanismo y gestión de tiempos)

Factores implicados en la calidad de vida

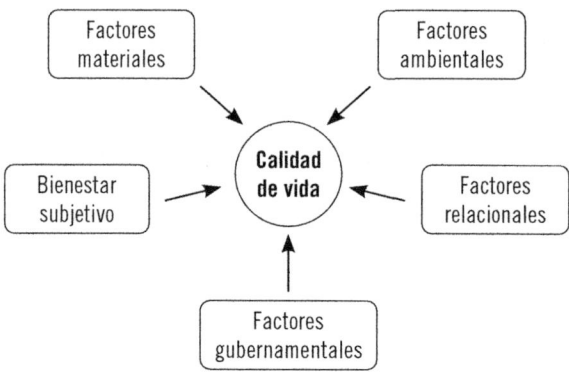

 Aplicación práctica

Imagine que trabaja en el Instituto de las Mujeres y tiene que hacer un estudio sobre los factores que influyen en el concepto de calidad de vida. Concretamente a su departamento le ha tocado el factor menos propicio para la mujer de entre los existentes (factores materiales, ambientales, relacionales, gubernamentales y bienestar general).

¿En cuál de ellos se tendría que enfocar y qué aspectos estudiaría?

SOLUCIÓN

Se centraría en el estudio de los factores materiales y podría investigar los siguientes elementos:

I Ingresos disponibles por las mujeres.
I Posición en el mercado laboral: si están activas, desempleadas, tienen alguna prestación social, etc.
I Su salud, tanto de ellas mismas como de sus familiares.
I Nivel educativo que poseen.

3.3. Calidad de vida en la mujer

Al centrarse en la calidad de vida unida a la perspectiva de género, la primera cuestión que surge podría ser si la calidad de vida es igual para hombres y mujeres en términos generales o si los factores descritos anteriormente (ambientales, relacionales, personales y de bienestar) son equivalentes para ambos sexos.

No existen muchos estudios que determinen, en términos generales, las diferencias en calidad de vida, aunque sí hay investigaciones específicas que se basan en enfermedades físicas o neurológicas y que dan como resultado, en su gran mayoría, una menor calidad de vida en la mujer asociada a estas dolencias.

Existen unas diferencias de género de tipo biológico que suponen en sí una desigualdad inicial. Sin embargo, la gran diversidad viene marcada más bien por la discrepancia que la cultura de género establece en relación a clase, edad, territorio social, diferencia sexual, discapacidad, etnia, etc. Otra gran influencia viene acentuada por las respuestas que las instituciones pueden manifestar al respecto. Es decir, en muchas facetas de la vida es la cultura de género la que convierte las diferencias inherentes entre hombres y mujeres, en desigualdades y fuente de discriminación que afecta por tanto a la calidad de vida.

Esta cultura de género está determinada igualmente por las instituciones sociales y gubernamentales, que etiquetan sutiles diferencias en cuanto a niños y niñas, adolescentes, hombres y mujeres, ancianos en las diferentes áreas sociales (salud, seguridad, participación social y política, justicia, educación, recreo).

 Importante

La cultura de género existente en la sociedad convierte las diferencias innatas entre mujeres y hombres en fuentes de discriminación.

3.4. Estrategias de promoción de la calidad de vida

En cumplimiento de lo dispuesto en el artículo 77 de la Ley Orgánica 3/2007, de 22 de marzo, para la igualdad efectiva de mujeres y hombres, se crean Unidades de Igualdad en diferentes ministerios. Estas se encargarán de velar por el cumplimiento de la normativa en materia de género vigente en España, además de garantizar la transversalidad de género en dichos organismos oficiales. Además, el Título III de la Ley 15/2022, de 12 de julio desarrolla la creación, funciones, estructura y competencias del nuevo organismo denominado Autoridad Independiente para la Igualdad de Trato y la No Discriminación.

Transversalizar el enfoque o perspectiva de género significa que todas las acciones que se ejecuten para dar respuesta a las necesidades sociales deberán proponerse teniendo en cuenta el impacto de género que conllevará cada una de ellas.

Como parte de las acciones enmarcadas en la Estrategia Nacional para la Promoción de la Salud y Prevención en el Sistema Nacional de Salud se lanzó la página web "Estilos de vida saludable" a la que se puede acceder directamente desde el portal del Ministerio de Sanidad, y cuya finalidad es proporcionar información útil y de calidad, ajustada a las diferentes necesidades de la ciudadanía; en ella se encuentran recomendaciones, herramientas interactivas, vídeos y otros materiales y recursos de utilidad para hacer más saludables los estilos de vida.

 Actividades

7. Busque información sobre el concepto "transversalidad de género".
8. Acceda a la página web de Estilos de Vida Saludables del Ministerio de Sanidad e indague sobre cómo se ha trabajado la transversalidad de género en cada uno de sus apartados.

4. Procedimiento para la definición, aplicación y análisis de indicadores

En primer lugar, se define el concepto de "indicador" como un señalador que mide modificaciones o cambios en una situación a lo largo del tiempo. Un indicador permite identificar la presencia de un fenómeno o hecho social, describir sus características, determinar su magnitud e identificar los cambios que se producen a lo largo del tiempo, en un aspecto motivado por alguna intervención.

Los indicadores de género serían las medidas específicas que permiten evidenciar y cuantificar las desigualdades existentes entre hombres y mujeres en un contexto determinado (salud, deporte, urbanismo, laboral, etc.). Estos indicadores de género van a proporcionar datos observables de la desigualdad entre ambos sexos.

De este modo, la definición y análisis de indicadores de género posibilita definir una serie de aspectos positivos de cara a:

- Medir y describir las desigualdades entre mujeres y hombres en cuanto a los recursos en un ámbito. Permite medir variables dentro de ese ámbito tales como el acceso, la participación, el disfrute y el control de los recursos.
- Planificar las intervenciones que se detecten necesarias para incidir positivamente en las desigualdades detectadas.
- Poder establecer metas, objetivos y realizar el seguimiento y evaluación final de las intervenciones planteadas.

Los indicadores de género a los que se hace mención y que permiten establecer las metas y medir el cumplimiento de los objetivos son de tipo cuantitativo. Ello implica que para su estudio se debe proceder a una recogida sistemática de información que consiga evaluar el cumplimiento de objetivos.

La recogida de esta información, referente a estadísticas entre hombres y mujeres, se hará en forma de datos desagregados por sexo, para detectar, precisamente, las desigualdades de género.

A continuación, se describen con detalle los diferentes indicadores de género.

 **Recuerde**

Los indicadores de género son las medidas que permiten cuantificar las desigualdades existentes entre hombres y mujeres en contextos tales como salud, deporte, urbanismo, laboral.

4.1. Indicadores de bienestar y de bienestar subjetivo de la ciudadanía

Un indicador de bienestar puede ser aquel que refleje cualquier aspecto del entorno que afecte a la manera de vivir. Estos indicadores hacen que la vida en sí tenga un sentido de tranquilidad y paz humana.

Existen numerosos indicadores de bienestar en todo el mundo como, por ejemplo, el control de recursos económicos, la educación, ingresos, mortalidad, trabajo remunerado, salarios, empleo del tiempo, seguridad y poder en las esferas pública y privada (UNDP 1995, Banco Mundial 2001).

A medida que ha ido pasando el tiempo los indicadores han aumentado en número, complejidad y áreas a que se refieren. Un buen ejemplo de ello son los indicadores de tipo medioambiental que han ido sustituyendo o complementando a los más estudiados tradicionalmente y que se basaban, de forma más exclusiva, en aspectos económicos.

Una parte de los indicadores de bienestar puede ser objetiva, mientras que otra parte será más bien subjetiva, enfocándose en cómo se siente la persona de feliz o satisfecha en su vida general. A continuación, se describe cada uno de ellos para ver las diferencias de forma más práctica.

Indicadores objetivos

Los indicadores objetivos de bienestar se refieren a factores generales que pueden ser medidos y que afectan de manera general y lógica a toda la población.

Existen varios indicadores objetivos de bienestar que han sido definidos y se utilizan para obtener datos estadísticos. Uno de ellos es el Índice de Desarrollo Humano (IDH), elaborado por las Naciones Unidas y que combina información sobre la esperanza de vida, el acceso a la educación y el nivel de renta. Este índice es muy potente y generalizado, ya que cualquier persona entiende las ventajas que puede tener el acceso a una educación efectiva, tener un nivel de renta que permita vivir cómodamente junto con la esperanza de vida (este último un poco más subjetivo).

Otros indicadores de bienestar de género muy notorios son los que se relacionan con la supervivencia y la educación. De hecho, en países subdesarrollados, la supervivencia es un elemento de lucha diaria que representa desigualdades de supervivencia desde la niñez. El acceso a la educación como indicador objetivo varía mucho entre regiones, debido a las leyes educativas entre unos países y otros.

El Instituto Nacional de Estadística (INE) hace mención dentro de los indicadores objetivos a los indicadores sociales, mencionando que están organizados por áreas: población, familia y relaciones sociales, educación, trabajo, renta, distribución y consumo, protección social, salud, entorno físico, cultura, cohesión y participación social.

Se puede observar, por tanto, que la clasificación centra la atención en unos aspectos más que en otros, dependiendo de la fuente que se tome, pero todos tienen en común el determinar los factores objetivos como aquellos observables de los que depende el bienestar de una persona.

Indicadores subjetivos

Además de los indicadores objetivos de género, también hay otros tipos de indicadores de bienestar llamados subjetivos. Estos indicadores son aquellos que hacen referencia a un carácter o connotación más personal, de forma tal que mientras algunas personas pueden percibirlos de un modo, otras lo harán de forma cualitativamente diferente.

Importante

El Índice de Desarrollo Humano (IDH) es un índice que se refiere a varios aspectos: acceso a la educación, nivel de renta y esperanza de vida. Por tanto sería un indicador que aglutina aspectos tanto objetivos como subjetivos de bienestar.

En relación a los indicadores subjetivos de bienestar, se puede hacer una distinción entre bienestar positivo y negativo.

El bienestar positivo es el estado o sensación interna agradable percibida por una persona. Respecto a estos estados de ánimo positivos, los estudios manifiestan que las mujeres declaran tener una mayor felicidad que los hombres y que cuando experimentan emociones positivas, lo hacen de forma más intensa, factor que parece disminuir después de los 45 años.

Son los estados de bienestar negativo los más estudiados debido a su prevalencia en la mujer sobre el hombre. Los indicadores de bienestar detectan diferencias por género que a continuación se determinan.

En el caso de las mujeres se han encontrado índices de bienestar negativo en varios estados de ánimo como son tristeza, miedo y soledad. Del mismo modo presentan altos indicadores de bienestar relacionados con más conductas de psicopatología interiorizadas como depresión y trastornos de ansiedad.

Así mismo, se observa cómo los hombres muestran indicadores de bienestar exteriorizados que incluyen la agresión, los trastornos de personalidad antisocial, trastornos de conducta y el abuso y dependencia de sustancias toxicas.

Igualmente se observan diferencias por género en la prevalencia de hostilidad y comportamiento diario agresivo.

Se verán ahora los indicadores de bienestar más estudiados quizá por su frecuencia o connotaciones particulares. Además la relevancia viene dada porque esconden grandes diferencias de género, que pueden estar en parte relacionadas con los genes o con el entorno. Así, se van a describir algunos que hace ya tiempo que se vienen utilizando: las tasas de depresión, suicidio y la ilusión de vida.

La salud mental hace referencia no solo al alivio de enfermedades, sino también a la consecución de la felicidad, por ello es importante tener en cuenta estos indicadores y medirlos de la forma más objetiva posible.

Algunas personas presentan unos niveles de depresión elevados que están relacionados con la ausencia de bienestar, siendo este un aspecto en parte subjetivo, al menos en el grado que la persona lo percibe. Dicho indicador a veces va unido a otro no menos relevante, la predisposición al suicidio que en momento de ausencia total de bienestar subjetivo puede llevarse a término.

El estudio de estos indicadores de salud psicológica como indicadores de bienestar subjetivos, está caracterizada por el fuerte énfasis en la prevención y la promoción de la salud. Esto es significativo hasta tal punto que, desde la psicología, se ha creado un nuevo campo de estudio de los factores denominados de "bienestar emocional" introduciendo conceptos como las terapias de aceptación y compromiso, difundidas en la actualidad.

Otro de los indicadores mencionados, la ilusión de vida, es un indicador importante para la salud de las mujeres, que además afecta de forma indirecta a las mujeres víctimas de violencia de género. La ilusión de vida se concibe como la esperanza de una persona para continuar viviendo. Cuando los indicadores de ilusión de vida son bajos, los indicadores de depresión y/o suicidio también lo son.

 **Recuerde**

Desde la psicología y partiendo de los indicadores de bienestar se ha creado una nueva corriente denominada de "bienestar emocional" con conceptos como las terapias de aceptación y compromiso.

4.2. Indicadores de calidad de la atención de la salud de las mujeres

El concepto de salud fue definido en sus comienzos como la ausencia de enfermedad. La Organización Mundial de la Salud (OMS) la define actualmente como "el estado completo de bienestar psicológico y social, no solo la ausencia de enfermedad, sino también el estado positivo que concierne al sujeto en sí mismo, en el contexto de su vida".

Se puede comprobar cómo esta definición es realizada en términos positivos e introduce distintos aspectos vitales para entender la salud hoy en día. Desde este enfoque, la salud es conceptualizada, por tanto, como un proceso dinámico, en el que influyen distintos factores de carácter, tanto interno como externo o ambiental.

Además, la salud entendida como un estado de bienestar, pone de relieve la importancia de la percepción y concienciación de la mujer en su propia salud. Esto sería un aspecto subjetivo a tener presente en cualquier sistema de calidad, ya que otorga un papel precursor a la mujer en su propia calidad de vida.

El objetivo de entender la salud de esta manera sería doble: por un lado desarrollar su potencial personal para responder de forma positiva a las circunstancias y acontecimientos y, por otro lado, mejorar sus habilidades personales para realizar elecciones saludables.

La salud de las mujeres está en gran parte determinada por su posición social y por los condicionantes de género. Es por eso que las desigualdades de género se reflejan en muchas ocasiones sobre las oportunidades de acceso, las barreras y las facilidades para disfrutar de la salud.

 Actividades

9. Explique con sus propias palabras qué son los indicadores de género.
10. Reflexione sobre el hecho de que la mayor felicidad asociada a las mujeres suela disminuir a partir de los 45 años.

Algunos indicadores de calidad relacionados con la atención a la salud femenina se describen a continuación:

- Existencia de profesionales de la salud cualificados, especialmente en atención primaria, en un porcentaje suficiente para atender a las demandas de la población.
- Tiempo suficiente de atención personalizada que permita a las mujeres solventar sus dudas y problemas, siendo atendidas sin prisas y en el momento que lo necesitan.
- Accesibilidad de los servicios de atención primaria y especializada a cualquier mujer de cualquier ámbito geográfico. Estos servicios además de ser accesibles han de ser publicitados de manera tal que la mujer pueda conocerlos fácilmente.
- Existencia de programas de promoción de la salud en el ámbito rural ya que, sin duda, son inferiores a los destinados para ámbitos urbanos. Hay que tener presente que las mujeres de estos entornos tienen las mismas necesidades que las demás.
- En las zonas rurales se puede comprobar que los indicadores de calidad de atención disminuyen en comparación con los urbanos, no tanto en calidad como en cantidad.
- La calidad en la atención se encuentra reducida en cuanto a disponibilidad de los servicios (días, momentos...). Normalmente los servicios son

más reducidos en cuanto a personal y horario, lo cual hace que la calidad decaiga. De la misma manera y por los mismos motivos, el tiempo de dedicación es inferior lo cual es percibido por las mujeres como una menor calidad en los servicios.

- Agentes destinados a concienciar a la población a reducir la automedicación que en numerosos casos está asociado a la mujer. Esta automedicación responde, a veces, a la falta de información de la gravedad que puede conllevar o a las listas de espera que hacen necesario tomar esta medida. Se observa una incidencia en los casos de medicación relacionada con los problemas emocionales, con la consiguiente repercusión negativa en el ánimo y estado general de las mujeres.

- Atención prestada en los servicios sanitarios a los aspectos psicosociales que afecten a la salud mental de las mujeres, con especial relevancia en situaciones de estrés que tengan origen familiar y relacional.

- Existencia de servicios de salud mental disponibles. Actualmente es un servicio ofrecido de forma puntual en determinados centros sanitarios y asociado a casos graves. Este hecho está especialmente motivado por la escasez de recursos psicológicos y psiquiátricos en los servicios de la sanidad pública.

- Incidencia en los hábitos saludables: alimentación, ejercicio, tabaco y otros. En este sentido se desarrollan programas puntuales que deberían tener un mayor impacto en dedicación y promoción de la salud.

- Existencia de servicios de asesoramiento de salud reproductiva y sexual, con especial incidencia en la prevención de embarazos no deseados. Se están definiendo programas desde los denominados Centros de Orientación Sexual que se ofrecen públicamente, aunque aún continúan dándose en un elevado porcentaje los embarazos no deseados de adolescentes, por ello el interés debería centrarse en algunos cambios que fomenten aún más la prevención.

- Atención prestada a la adolescencia en temáticas relevantes en estas edades: educación afectivo-sexual, atención psicológica, trastornos de la conducta alimentaria, drogas, etc.

- Disponibilidad de servicios de tratamientos de infertilidad que den mayor acceso a las mujeres con dificultades para quedarse embarazadas, no teniendo que recurrir a la sanidad privada.

- Seguimiento del embarazo, parto y posparto, incluyendo la educación maternal. Este indicador está muy bien desarrollado, en general, en los centros sanitarios.
- Disponibilidad de programas sobre el climaterio que apuesten por la información y la prevención de las dificultades que suelen ir unidas en este momento del desarrollo evolutivo de la mujer. Sería muy beneficioso contar con actuaciones específicas de atención a problemas propios del climaterio como osteoporosis, menopausia, alteraciones emocionales, etc.
- Existencia de personal cualificado de atención directa en casos de violencia de género que atienda de manera primaria e incluso detecte casos encubiertos.

 Sabía que...

Existe un alto porcentaje de mujeres que se automedica cuando se encuentra mal sin pedir consejo a los médicos, sino más bien por iniciativa propia o consejo de alguna conocida.

4.3. Indicadores en materia de deporte y urbanismo

En este apartado se hace una diferencia entre los indicadores de género en materia de deporte, de manera independiente, y aquellos indicadores más destacables en materia de urbanismo.

El análisis de estos indicadores va a reflejar el modo en el que se encuentran diferencias en el marco social, administrativo e institucional referente a las oportunidades ofrecidas en momentos de ocio, salud y urbanismo.

Como se puede comprobar existen diversas diferencias en cuanto al trato que se da a hombres y mujeres en estos aspectos. Las causas de ello son muy diferentes, destacando entre otras:

- La sociedad está impregnada por tradiciones sociales, deportivas y culturales que aún persisten a pesar del avance de los tiempos.
- Ausencia de total colaboración administrativa para hacer frente a la compensación de estas desigualdades.
- Distribución irregular de recursos disponibles.
- Autopercepción de algunas mujeres en una línea en cuanto a sus posibilidades de disfrute de ocio y deporte.
- Poca disponibilidad de tiempo para disfrutar de estos ámbitos, al tener que compaginarlo con el ámbito familiar.

A continuación, se detallan estos aspectos, según proceda en cada apartado.

Indicadores en materia de deporte

Respecto a los indicadores en materia de deporte se puede comenzar diciendo que, tradicionalmente, se ha asociado el deporte con la "masculinidad". En muchas sociedades, la asociación entre ambos aspectos se ha hecho tan potente que se tiende a desaprobar la práctica del deporte, o al menos de determinados deportes, por parte de las mujeres, llegando incluso hasta el extremo de calificar a veces de "masculinas" a aquellas mujeres que lo practican.

En el polo opuesto, la realidad demuestra que la práctica de un deporte ofrece a las mujeres múltiples ventajas de tipo físico, social, personal, etc. De este modo, además de las consabidas aportaciones a la salud física y libertad de expresión, el deporte brinda a las mujeres el acceso a espacios públicos donde pueden reunirse y fomentar las relaciones sociales. Se pueden convertir, por tanto, en momentos que promueven la comunicación, habilidades de negociación y demás aspectos fundamentales para el empoderamiento de las mujeres.

? Sabía que...

El deporte ofrece posibilidades a la mujer de comunicación y relación social además de beneficios en la salud física.

Algunos de los indicadores de género en materia deportiva podrían ser:

- El uso que se hace del lenguaje y de las imágenes en las campañas deportivas. Los aspectos que van a ser indicadores de rasgos sexistas podrían ser imágenes en medios publicitarios que asocien a determinados deportes con el hombre.
- Mostrar referentes masculinos y femeninos en cada deporte. Así, por ejemplo, asociar el fútbol o el balonmano con la figura masculina, mientras la gimnasia rítmica o la natación se relacionan con la mujer. Estos indicadores pueden mostrarse en televisión, entrevistas en periódicos, internet, etc.
- Disponibilidad de peñas deportivas y asociaciones formadas por ambos sexos.
- Asociar los beneficios del ejercicio al aire libre para la salud física y psíquica. En este sentido, la salud física se suele asociar más al hombre mientras que la psicológica se asocia más a la mujer, especialmente con ciertos deportes como el yoga o pilates.
- Presupuesto económico equitativo destinado a fomentar el deporte relacionado con mujeres y hombres.
- Igualdad en la publicidad de deportes. En este sentido, son más publicitados los deportes practicados por hombres, como es el caso del fútbol. Este deporte es practicado en menor proporción por mujeres, aunque cada día se aprecian más grupos femeninos. Sin embargo, el mundo deportivo que engloba el fútbol es básicamente masculino.
- El liderazgo, entendido como la posibilidad de contar con entrenadoras femeninas para los equipos tanto femeninos como masculinos. En este sentido se podría realizar un ajuste en la partida económica destinada a entrenadores de ambos sexos. En la realidad los equipos suelen estar liderados por entrenadores masculinos, independientemente del sexo de los jugadores.
- Número de chicas y chicos que solicitan participar en las actividades organizadas por el Área de Deportes de la Administración.
- Usos y frecuencias de las instalaciones deportivas por sexos. Sería interesante medir este indicador partiendo de variables en las que se tenga en cuenta el momento, horario de uso, la frecuencia de días a la semana, el uso en solitario o en grupo, etc. Una cuestión interesante sería adaptarse a las necesidades horarias y generales de las mujeres. Esto

hace referencia tanto a actividades de práctica libre como guiada por monitores que se puedan ajustar a la distribución horaria de la mujeres, permitiéndoles conciliar la vida deportiva con la familiar.

- Características de los vestuarios de chicas y chicos en los polideportivos tanto en organismos públicos como privados. En este indicador se pueden tener en consideración aspectos tales como: disponibilidad, amplitud de los mismos, ubicación de ambos, recursos técnicos interiores, instalación, seguridad en los vestuarios, horarios en que se utilizan, etc.
- Distribución de parques deportivos con pistas para la práctica de todo tipo de deportes. El uso más normal de las pistas en los parques suele estar relacionado con el fútbol o el baloncesto. Actualmente, se están creando pistas de patinaje en algunos parques regionales.

 Nota

La sociedad continúa hoy en día mostrando referentes distintos en cuanto a sexo en relación con determinados deportes. A ello contribuyen, de manera decisiva, los medios de comunicación y tecnológicos.

 Actividades

11. Busque información sobre el liderazgo en el deporte asociado concretamente a la variable "entrenadores hombres o mujeres".
12. Desde su punto de vista y partiendo de su localidad, ¿en qué indicador de salud de los descritos debería hacerse más hincapié por su inexistencia?

Indicadores en materia de urbanismo

Se tratan ahora los indicadores de género en materia de urbanismo. El término urbanismo puede ser entendido de una manera muy amplia, al reflejar todos aquellos aspectos que dentro de una misma urbe pueden describirse.

A modo de ejemplo, se puede mencionar la localización de las actividades en el espacio físico, los sistemas de transporte existentes en la localidad, el acceso a lugares de ocio y tiempo libre, las ubicaciones de las empresas, etc.

En todos estos aspectos relacionados con el urbanismo es importante entender que mujeres y hombres tienen diferentes necesidades y aspiraciones en el espacio urbano o rural y distintas posibilidades para acceder a los servicios y recursos existentes en estos lugares.

Aparece el sentimiento de la discriminación de "género" en el momento que se relaciona a la mujer con las funciones que tradicionalmente tenía asignadas. En este sentido, se hace referencia a que siga siendo la mujer la encargada de llevar el carrito del bebé, cuando es la mujer la que tiene que salir del trabajo para llevar al niño al médico, sin contar en ocasiones con medios de transporte propios o cercanos, cuando es ella quien va al supermercado y no cuenta en casa con ascensor para subir a su piso, cuando tiene que desplazarse al centro con una persona mayor y no tiene transporte público adecuado, etc.

Los indicadores en relación a urbanismo se relacionan más directamente con dos variables: la movilidad y la seguridad.

La movilidad es entendida como el desplazamiento que una persona puede o debe realizar dentro de un ámbito físico. La seguridad comprende las actuaciones que se pueden realizar para conservar la integridad de una persona. Dentro de este aspecto se tendría en cuenta el hacer realidad viviendas, calles, plazas, lugares no discriminatorios, en los que las mujeres se sientan seguras, cómodas y protagonistas de la vida diaria y del progreso de sus ciudades. Este aspecto no requiere de grandes inversiones sino de conciencia y determinación para llevarlos a cabo.

A continuación, se señalan algunos indicadores de género destacables a nivel de urbanismo:

- Accesibilidad equitativa en la participación en los bienes y servicios de la ciudad.
- Largas distancias que hagan dificultoso el acceso a determinados lugares para personas que no disponen de tiempo o accesibilidad a los medios de transporte.
- Equipamientos de guarderías cercanas a lugares de trabajo para conciliar la vida laboral.
- Existencia de equipamientos para personas mayores dependientes que permitan el uso y disfrute de las mujeres y garanticen su incorporación laboral.
- Disponibilidad de viviendas accesibles económicamente a mujeres que cuentan con escasos recursos económicos.
- Aseos públicos que cuenten con zonas dedicadas a bebés tanto en el espacio de hombres como de mujeres.
- Existencia de infraestructuras urbanas para prevenir y evitar situaciones de agresiones que son más frecuentes en contra de las mujeres, por ejemplo calles y espacios diáfanos seguros como itinerarios para que la mujer use de forma segura en sus desplazamientos.
- Accesibilidad física a espacios abiertos con especial relevancia en zonas alejadas del centro urbano o con escasos sistemas de comunicación.

 Importante

Los indicadores en materia de urbanismo se relacionan con dos aspectos que aumentarían el bienestar en la mujer: la movilidad y la seguridad.

4.4. Indicadores de género en materia de conciliación de la vida personal, familiar y laboral

Conciliar, de acuerdo con la Real Academia Española, consiste en "conformar dos o más proposiciones o doctrinas al parecer contrarias". Se está, por tanto, ante un esfuerzo para hacer posible que dos o más elementos convivan en una misma situación.

En la igualdad de género, se trataría de conseguir un equilibrio satisfactorio entre ambos sexos, en el plano de la conciliación entre la vida personal, familiar y laboral. Este objetivo se conseguiría plenamente, si en las diferentes esferas de la vida pudiera haber un equilibrio, de manera que haya un compromiso en el puesto de trabajo, al tiempo que las obligaciones familiares no quedaran desatendidas ni las actividades personales desaparecieran.

Esto es algo que ha sido, cuanto menos, complicado para la mujer a lo largo de la historia. En cambio, el hombre ha podido conciliar las tres variables en la mayoría de los casos.

Entre las ventajas que se pueden encontrar en el hecho de conseguir la conciliación laboral destacan:

- El aumento de la motivación y satisfacción de la plantilla así como su compromiso con la empresa.
- El aumento del aprovechamiento del potencial de las personas, hombres y mujeres.
- La retención de profesionales en quienes se ha invertido formación y han acumulado una experiencia y conocimientos específicos de su puesto de trabajo.

Una adecuada conciliación para la mujer en su vida familiar, personal, laboral, de salud y ocio, permitiría una auténtica satisfacción personal. Por ello se debe apostar desde nuestro ámbito más cercano, por conseguir el desarrollo de proyectos o sistemas que equiparen dichos ámbitos. Para conseguirlo, además de establecer leyes, principios o proyectos que permitan plasmarlo de forma práctica, es importante tener presente algunos requisitos previos:

- Aplicar instrumentos de recogida de información que ayuden a detectar indicadores de género tales como: reparto de tareas en el hogar, cuidado de los hijos, empleabilidad, uso de tiempos, etc.
- Recoger datos objetivos a través de técnicas como: estadísticas de la Seguridad Social, Instituto Nacional de Estadística, estudios poblacionales, etc.
- Elaborar informes pertinentes que se hagan públicos con la intención de conseguir un mayor fomento de la conciliación.

A continuación, se detallan algunos de los indicadores en materia de conciliación personal, familiar y laboral.

Empleabilidad

Este concepto se define como el potencial que tiene un individuo para ser requerido por las empresas. La empleabilidad de una persona depende de cuatro factores: los conocimientos técnicos, las destrezas, las habilidades y la actitud de búsqueda ante lo que ofrece el mercado y las demandas laborales.

Al hacer un estudio detallado del motivo de menor empleabilidad en algunas mujeres, se encuentran factores que dependen no solo de conceptos como los conocimientos, las destrezas o la actitud en la búsqueda de empleo, sino que están más relacionados con la conciliación de la vida laboral y familiar, lo cual repercute en su capacidad de empleabilidad.

 **Recuerde**

La empleabilidad en el caso de la mujer puede estar mermada por la necesidad de conciliación de la vida laboral y familiar.

En este sentido, se pueden describir algunos aspectos que son un reflejo directo de la dificultad de conciliar lo personal, familiar y laboral.

Porcentaje de hombres y mujeres en la plantilla empresarial

Este dato permite comprobar si existe una equidad en cuanto a contratos laborales en una misma empresa. En ocasiones, se observa una mayor contratación de hombres que de mujeres promovido por posibles factores como el horario laboral que hace difícil la conciliación.

Según la Ley Orgánica 3/2007, de 22 de marzo, para la igualdad efectiva de mujeres y hombres, y la Ley Orgánica 2/2024, de 1 de agosto, de representación paritaria y presencia equilibrada de mujeres y hombres, porcentaje de personas en la plantilla de una empresa debe estar repartida estadísticamente de la siguiente manera: las personas de cada sexo no deben superar el 60 % ni ser inferior al 40 %. Habría que estudiar si este porcentaje es cumplido por todas las empresas.

Distribución jerárquica en la empresa

La distribución jerárquica comprende una participación de ambos sexos en los diferentes estratos de la empresa. Una distribución jerárquica permite el acceso a la mujer a diferentes puestos de mayor y menor responsabilidad que comprende desde personal de dirección, gerencia, jefatura y supervisores.

Porcentaje de mujeres y hombres por departamentos

Si se observan, de forma global, determinadas empresas, se comprueba que algunos departamentos están feminizados y otros masculinizados, lo cual, entre otras variables, puede ser un indicador de desigualdad o discriminación.

Hay departamentos que tienen un horario más amplio que otros o que requieren viajes semanales, lo cual hace más complicado la conciliación laboral y familiar, por todo lo que conlleva la unión de la mujer a la vida familiar.

Recuerde

Según la normativa, el porcentaje de personas en la plantilla de una empresa debe estar repartida estadísticamente de la siguiente manera: las personas de cada sexo no deben superar el 60 % ni ser un número inferior al 40 %.

Tipo de contrato y jornada laboral

Este indicador está claramente relacionado con el género. La jornada laboral partida hace más compleja la conciliación.

Bandas salariales desiguales por grupos profesionales

Este aspecto se refiere más a la discriminación por razón de sexo que a la dificultad de conciliación. Las ofertas salariales pueden ser diferentes aunque las tareas, la dedicación horaria o el puesto ocupado sean similares.

Corresponsabilidad

Se define como el equilibrio entre el reparto de responsabilidades domésticas entre hombres y mujeres. Tradicionalmente, las tareas domésticas estaban asignadas a la mujer. En la actualidad, a pesar de que las circunstancias han cambiado, el equilibrio en las tareas continúa siendo insuficiente.

Tomando puntuaciones estadísticas se podía afirmar que, según los últimos datos disponibles en la EPA del cuarto trimestre de 2020, del total de personas que habían trabajado menos horas de las habituales por razones personales o responsabilidades personales 31,3 miles de personas fueron mujeres, mientras que hombres solo 11,1.

Del mismo modo, según los datos de la Encuesta de Población Activa las mujeres representan un porcentaje muy elevado del total de las personas ocupadas a tiempo parcial, lo que puede estar directamente relacionado con la corresponsabilidad.

? Sabía que...

En España en el año 2023, la tasa de empleo de los hombres de 25 a 49 años sin hijos menores de 12 años era de 85,8 %; en el caso de tener hijos de esa edad la tasa de empleo era más alta (90,3 %). El valor más alto en hombres se alcanza con un hijo menor de 12 años (91,1 %).

En el caso de las mujeres, a medida que se incrementa el número de hijos menores de 12 años, disminuye la tasa de empleo. Para las mujeres de 25 a 49 años sin hijos de esa edad la tasa de empleo en el año 2023 era de 77,9 % y se reduce a 71,5 % en el caso de tener hijos menores de 12 años. Con un hijo menor de 12 años, el valor de la tasa es de 74,3 % y de 70,4 % en el caso de dos hijos menores de 12 años. Con tres hijos o más el valor de la tasa es 52,2 %.

Cuidado de los hijos en cuanto a nacimiento

Hasta hace relativamente poco tiempo, el cuidado de los hijos tras el nacimiento recaía en la mujer de forma exclusiva. En ocasiones, las bajas laborales se prolongaban enmascarando despidos por este motivo, totalmente improcedentes pero reales. Ello era un reflejo claro de la imposibilidad de conciliar la vida familiar y laboral. De hecho, algunas mujeres terminaban su vida laboral coincidiendo con el nacimiento de un hijo, lo cual era, en algunos casos, voluntario y en otros, totalmente impuesto.

A pesar de ello hay que alabar la iniciativa referente a los permisos por el nacimiento de los hijos que compartían la madre y el padre, y que tuvieron una muy buena acogida por gran parte de la sociedad.

No obstante, en el primer semestre de 2024 los datos reflejan un leve cambio en la tendencia en cuanto al disfrute de las prestaciones por nacimiento y cuidado de menor, ya que fueron 110.117 las disfrutadas por la madre y 124.684 por el padre. Además, las excedencias laborales por el cuidado de hijos/as (11.741 en el primer trimestre de 2024) están eminentemente feminizadas, pues los datos indican que fueron 9.979 las mujeres que tomaron una excedencia, frente a 1.762 hombres.

Uso de los tiempos

La organización del tiempo de los hombres está supeditada a su horario laboral; cuando terminan su jornada de trabajo pueden o no realizar otras tareas en casa o de ocio. En cambio, en el caso de las mujeres, tengan o no empleo, deben adaptar sus momentos a la disponibilidad de los demás miembros de la familia. Así, su tiempo está organizado en función de las necesidades del resto: hijos, pareja, etc.

Reparto desigual de las tareas del hogar

La incorporación de las mujeres al mundo laboral no ha roto con las costumbres ancestrales. La mujer que se incorpora al mercado laboral debe continuar siendo trabajadora en dos sectores, mientras que los hombres aunque se van incorporando lentamente a las tareas del hogar y cuidado de la familia, lo suelen hacer desde una actitud de ayuda y no de corresponsabilidad.

La ayuda es entendida como una participación puntual y concreta en determinados momentos o tareas específicas.

 Nota

El uso de los tiempos en la mujer está condicionado por las ocupaciones en el hogar y las necesidades familiares.

Calidad de vida

La calidad de vida puede ser entendida como un estado de bienestar que le ofrece a la mujer la oportunidad de satisfacer sus necesidades emocionales, sociales, ocupacionales y físicas.

Esta calidad en la vida de una mujer está condicionada, por tanto, por su capacidad o posibilidad ocupacional. Puede ser entendida como un indicador en materia de conciliación en el sentido de que estará limitada por dos aspectos.

El primero será la existencia de factores ambientales o sociales que le posibiliten dicha conciliación laboral, tales como empresas que tengan en consideración algunas peculiaridades hacia las mujeres y no las recriminen. Se refiere también a necesidades concretas con los hijos que provoquen determinadas bajas laborales, reducción de jornada, etc.

El segundo factor mencionado se refiere a la percepción subjetiva que la mujer tiene de un bienestar asociado a su posibilidad de compaginar vida laboral y familiar. Este bienestar no es otra cosa que la satisfacción como persona y profesional por parte de una mujer que puede conciliar la vida familiar y social.

 Recuerde

La calidad de vida asociada al empleo en la mujer está condicionada por factores ambientales o sociales que a veces dificultan su trabajo por tener que atender necesidades familiares.

En muchas ocasiones, la mujer que consigue incorporarse al mercado laboral y compaginarlo con su mundo familiar, lo hace con una calidad de vida insuficiente o insatisfactoria.

Cuidado de personas dependientes en la familia bien sean hijos o padres

El cuidado de las personas dependientes se sigue relacionando con la mujer, de forma que si no se puede optar por un servicio externo, es ella la que se ocupa de estas tareas, con la consiguiente baja o abandono laboral.

Este es quizá uno de los indicadores más claros que afectan a las mujeres, bien por decisiones familiares conjuntas o por sentimientos de "debería" que continúan estando ligados al sexo femenino en cuanto a responsabilidades.

 Aplicación práctica

Imagine que es estudiante de integración social y le corresponde hacer como trabajo de fin de estudios un análisis de los indicadores que están relacionados con la conciliación entre la vida familiar, personal y laboral, añadiendo aspectos de salud, ocio y gestión de tiempos.

Determine los factores que estudiaría y el modo en que recogería la información.

SOLUCIÓN

Los factores que debería estudiar serían, básicamente:

I Cuidado de personas dependientes en la familia, bien sean hijos o padres.
I Reparto desigual de las tareas del hogar.
I Uso de los tiempos.
I Cuidado de los hijos en cuanto a nacimiento.
I Corresponsabilidad.
I Empleabilidad.
I Aspectos de salud o calidad de vida que se relacionen con variables laborales.

Para la recogida de información podría usar algunas técnicas, tales como:

1. Datos estadísticos del INE, Seguridad Social, etc.
2. Análisis de datos encontrados en internet.
3. Encuestas poblacionales.
4. Estudios comparativos por años y variables.

Con los datos obtenidos elaboraría un informe final donde se recojan las soluciones y relaciones entre las distintas variables estudiadas.

Se podría establecer una nueva recogida de datos dentro de un tiempo acordado para contrastar los datos obtenidos, incluso proponer propuestas de mejora a nivel local y ver si su posible implantación tiene repercusiones en las variables.

5. Procesos de identificación de las brechas de género en el entorno de intervención

Tal y como se ha comentado, la brecha de género se puede definir como "la variable que indica la diferencia existente entre las tasas de hombres y mujeres en la categoría de una variable" (Instituto de la Mujer, 2015).

Sería, por tanto, la diferencia entre mujeres y hombres en cuanto a un aspecto o variable determinada, de manera tal que cuanto menor sea la brecha se estará más cerca de la igualdad.

Para clarificarla de manera más específica, se puede también definir brecha de género como "la distancia que existe entre mujeres y hombres con relación al acceso, participación, asignación, uso, control y calidad de recursos, servicios, oportunidades y beneficios del desarrollo en todos los ámbitos de la vida social" (Pérez Haro, 2005).

De este modo puede afirmarse que las brechas de género pueden comprender desde el ámbito económico, al social, político, cultural, educativo, de justicia o tecnológico.

Este apartado concluye haciendo una reflexión sobre la importancia de erradicar las brechas de género. La idea se sustenta en el hecho de que las relaciones de desigualdad conllevan de forma próxima en el tiempo o lejana, altos costos en los avances que se han logrado a lo largo de la historia en materia de derechos políticos, sociales, económicos y culturales. Eso sin duda llevaría a un retroceso hacia el pasado.

5.1. Procesos de identificación o diagnóstico

Estudiados los indicadores del apartado anterior y definida la brecha de género, se determina la importancia de realizar un estudio en el que se puedan identificar las brechas existentes en relación a los diferentes indicadores.

 **Importante**

La brecha de género se define como la distancia que existe entre mujeres y hombres con relación al acceso, participación, asignación y calidad de recursos, servicios y oportunidades en todos los ámbitos de la vida social.

Las brechas de género están relacionadas con los aspectos estudiados a lo largo de todo el capítulo (salud, educación, sexualidad, trabajo, ocio, política, sistemas digitales, etc.).

A continuación, se pasa a analizar la importancia que tiene la identificación de las brechas de género en los diferentes ámbitos. No se tratarán todos con minucioso detalle, pero sí que se analizarán aquellas brechas que están siendo más estudiadas por los investigadores en los últimos años.

La finalidad de identificar o diagnosticar las brechas de género viene dada en primer lugar para su conocimiento y estudio detallado. Pero quizá la mayor importancia de ello estribe en el diseño de planes de trabajo que apuesten por resolver los problemas y satisfacer las necesidades detectadas tras el diagnóstico.

La identificación de estas brechas de género puede ser interesante realizarla en cuanto a una comunidad o población determinada, una ciudad específica, una empresa, una entidad, etc.

Lo más lógico para concretizar y ser realistas, es realizar estudios en torno a variables concretas, es decir, a brechas específicas tales como brecha digital de género, brecha salarial, brecha política, brecha educativa, etc.

El diagnóstico puede y debe constituir también un instrumento para la optimización, la reflexión y el desarrollo de estrategias compensatorias. Esta debería ser la realidad última de cualquier estudio diagnóstico o de identificación.

Un diagnóstico de brechas de género es importante por los siguientes motivos:

- Recoger datos empíricos, sirviéndose de sistemas oficiales o datos estadísticos aportados por autores sobre la variable en relación a los dos sexos.
- Recoger información sobre las características, las necesidades y las opiniones de manera diferenciada de las mujeres y los hombres en el campo o lugar que se esté estudiando.
- Analizar los datos de forma objetiva.

Previamente a la recogida de información, es fundamental la planificación de las brechas concretas que se van a estudiar y el proceso de recogida de información que se pretende usar.

Es interesante clarificar los elementos que se necesitan medir dentro de una determinada brecha de género, antes de pasar a recogerlos, ya que el método o técnica a utilizar va a depender de la brecha a estudiar.

 Nota

En los estudios diagnósticos sobre brechas de género es importante analizar los datos que se recojan de una forma objetiva, a pesar de que se trate de datos subjetivos aportados por las personas.

Un buen proceso de identificación centrado en las brechas de género que pretenda tener como finalidad la intervención, debería tener presentes algunas técnicas, tales como:

- Encuestas o cuestionarios, que permitan obtener tanto información cuantitativa (realidades) como cualitativa (opiniones).
- Entrevistas a entidades, agentes, personas individuales, etc. La entrevista aportará datos cualitativos y subjetivos.
- Revisión documental (estudios, datos estadísticos de organismos oficiales, investigaciones...). Son datos reales que complementan la información anterior.

- Casos particulares, puesto que pueden revelar síntomas de prácticas y comportamientos discriminatorios.
- Observación: directa o indirecta. Esto sería más útil si se está estudiando la brecha de género en una empresa o entidad determinada, ya que la observación se concretaría en el lugar específico, permitiendo aumentar su especificidad.

 Aplicación práctica

Si quisiera realizar un estudio en una empresa de informática sobre las brechas de género en cuanto a los puestos ocupados en el departamento de programación, tendría que realizar un estudio de identificación o diagnóstico de esta variable.

¿Qué técnicas de recogida de datos podría utilizar?

SOLUCIÓN

Realizaría las siguientes técnicas:

I Un cuestionario para saber el número de personas que trabajan en el departamento de programación (mujeres y hombres).

I Entrevistas al personal directivo (para obtener datos objetivos) y al personal técnico (se obtendrán también datos subjetivos).

I Si alguien hubiera realizado anteriormente algún estudio y hubiese alguna publicación sobre la empresa, se podrán ver datos estudiados anteriormente. Con ello se logrará obtener información y hacer un estudio comparativo.

I Estudiar algún caso particular que se detecte o informen, en el que se vea alguna situación de diferencia por razón de género.

I Observación directa en la empresa para ver la relación laboral existente.

Referente al entorno de intervención, que sería la finalidad última de identificar las brechas de género, se deben tener presente algunos datos:

- Establecer ámbitos prioritarios de acción para alcanzar la igualdad de género.

- Definir un plan de acción contrastado y basado en los resultados obtenidos. Este plan se deberá orientar hacia la eliminación de esas brechas.
- Implicar a la población general sobre la importancia de erradicar la desigualdad, respecto a hombres como a mujeres.
- Implicar a la Administración, de la manera más directa posible, en el desarrollo de medidas que permitan disminuir dicha brecha de género.

Los resultados de cualquier estudio sobre brecha de género no tendrán sus repercusiones hasta que se emitan informes que se hagan públicos y queden a disposición de la sociedad, el estado, las comunidades, otros países o la población general.

Para ello, se pueden usar estrategias divulgativas como son libros, internet, congresos profesionales, etc.

 Actividades

13. Piense y explique por qué es importante en un estudio de brechas de género tener en cuenta, en el proceso de diagnóstico, hacer entrevistas a agentes individuales.
14. Reflexione sobre el hecho de estudiar casos particulares en un estudio de identificación o diagnóstico en una empresa. ¿Podría conllevar sesgos? Justifique su respuesta.

5.2. Principales brechas de género

A continuación, se describen dos de las principales brechas de género: la brecha digital y la brecha salarial.

El hecho de elegir estas brechas permitirá ejemplificar mejor el concepto y usar fundamentos más prácticos que ayuden a la clarificación del término.

La mayoría de estudios e investigadores centran su objetivo en estas dos brechas, lo cual aporta datos significativos al respecto. Por ello, se detallan en el presente apartado.

 **Nota**

El estudio de las brechas de género posee una finalidad crucial y es implicar a la Administración en el desarrollo de medidas que las eliminen.

Brecha digital

La brecha digital se define como la diferencia entre las personas que usan las nuevas tecnologías, como parte de su vida diaria, en comparación con aquellas otras que no tienen acceso a las tecnologías de la información y la comunicación o bien no saben utilizarlas, aunque dispongan de ellas.

No hay duda de que las nuevas tecnologías de la información y la comunicación (TIC) han cambiado radicalmente la sociedad y más concretamente la manera de comunicar, de trabajar o de disfrutar del ocio.

Este nuevo enfoque puede aplicarse a los diferentes estadios del desarrollo evolutivo (niños, adolescentes, adultos, tercera edad). El aspecto que aquí interesa es el que diferencia a las mujeres y los hombres. Por ello, la primera pregunta que se plantea es: ¿qué papel están desempeñando las mujeres en este nuevo mundo de la tecnología y sociedad de la información? Ahí se define el concepto de "brecha digital de género".

La brecha digital de género hace referencia a la desigualdad de acceso y uso de las nuevas tecnologías, haciendo una comparación entre los sexos femenino y masculino. Esta brecha tiene en consideración otras variables, tales como la situación económica, social, el nivel educativo o la edad.

Cuando se habla de la presencia de las mujeres en la sociedad de la información y del conocimiento (TIC) se debe hacer en dos sentidos, las mujeres como usuarias y como sujetos activos de la red.

En cuanto a la presencia de las mujeres como usuarias, siguiendo los resultados de varios estudios, se puede concluir lo siguiente: el uso de las TIC por parte de la mujer es menor, especialmente teniendo en cuenta el factor edad y la ubicación geográfica. De este modo, las mujeres de mediana edad usan menos las tecnologías de la información y la comunicación. Si a la variable *edad,* se une la variable *situación geográfica* se puede afirmar que el porcentaje de mujeres que usan las TIC es mucho menor en zonas rurales que urbanas y significativamente inferior si se da la congruencia de ambas variables (mujeres de mediana edad que viven en zonas rurales).

Lo verdaderamente importante al estudiar a las mujeres como usuarias de las TIC está en el creciente diseño de acciones para promover el acceso a las mujeres a las nuevas tecnologías. Los programas que se diseñan al respecto se han denominado "alfabetización digital".

 Sabía que...

La brecha digital de género es una de las más estudiadas y que hace referencia a la diferencia que hombres y mujeres hacen del uso de las nuevas tecnologías.

Respecto a la otra variable, las mujeres como sujetos activos de la red, los resultados son inferiores a la presencia de mujeres como usuarias. Ello se explica porque el ser sujeto activo en la red implica una dedicación más continua, principalmente profesional.

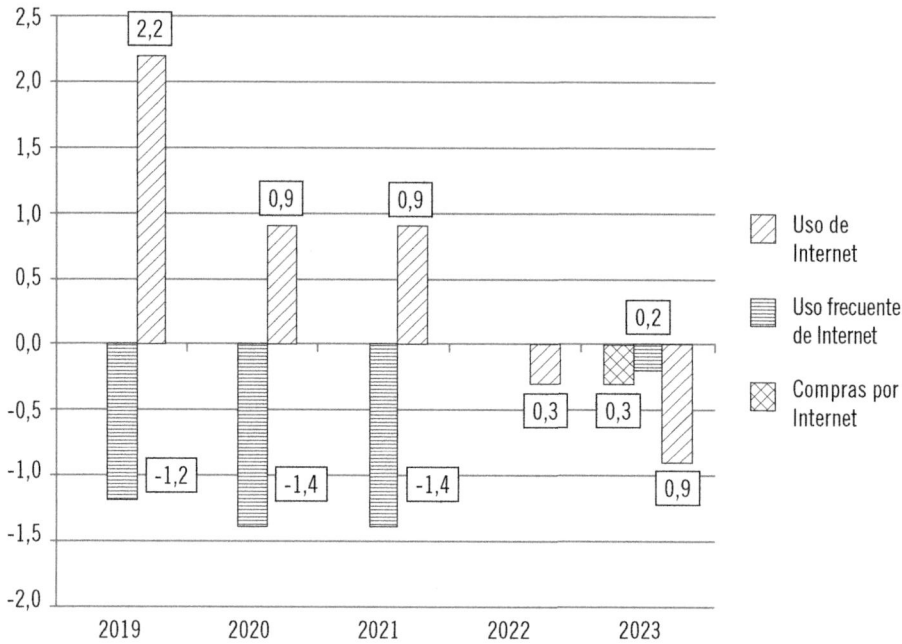

Brecha digital de género en España 2019-2023

Los datos que arroja 2023 ponen de manifiesto para la mujer una mejora generalizada en las variables analizadas. La mayor diferencia a su favor está en las compras por internet (0,9 puntos) seguido del uso de Internet (0,3 puntos) y uso frecuente de Internet (0,2 puntos).

 **Nota**

Los datos ofrecidos por el Instituto Nacional de Estadística revelan una crecida paulatina en la presencia de la mujer en el mundo de la información y la comunicación.

A pesar de estas diferencias en cuanto a la brecha digital de género, es crucial recapacitar sobre el hecho de que las diferencias de género son cada vez inferiores. Lo cual indica una crecida paulatina en la presencia de la mujer en el mundo de la información y la comunicación.

El estudio "Nuestras Vidas Digitales. Barómetro de la e-igualdad de género en España" (2020) aportado por el Observatorio de Igualdad estructura la brecha digital de género en tres tipos:

- **Primera brecha digital de género.** Se refiere a las desigualdades existentes en las posibilidades materiales de acceso a las TIC. Según los datos de este estudio casi no existe brecha en la disponibilidad en el hogar de TV y telefonía fija. En cuanto a la telefonía móvil se detecta diferencia generacional, siendo mayor en las mujeres que en los hombres. En la presencia de ordenador o internet en el hogar también existe diferencia generacional, aunque esta es mayor al alcanzar el 60 %. Por tanto, el acceso a un ordenador y a Internet muestra una estratificación generacional con diferencias de hasta el 80 %.
- **Segunda brecha digital de género.** Está relacionada con las asimetrías importantes que ciertos colectivos tienen en cuanto al uso de las TIC, aun disponiendo de acceso material a ellas. Este estudio se centra en el cómo y el para qué se usan las tecnologías y en los resultados obtenidos. Analizando el cómo se usan, se pone de manifiesto que en determinadas habilidades o competencias existe una desigualdad generacional importante siendo en algunas actividades específicas, mayor entre las mujeres que entre los hombres. Analizando, el para qué se usan, se detecta que las mujeres utilizan las TIC para obtener resultados relacionados con la salud y la educación, mientras que los hombres tienden al ámbito tecnológico, en su mayoría.
- **Tercera brecha digital de género.** Se refiere al impacto que los resultados de las prácticas digitales tienen sobre las posibilidades de participación social, económica, cultural, política, etc., del usuario. En este estudio se investiga el alcance de los efectos y las posibles desigualdades entre colectivos en cuanto a los beneficios derivados del uso de las TIC. Más concretamente, se centra en la relación entre el nivel de habilidades digitales y el empleo remunerado.

Como explicación que sustente esta brecha digital de género, se pueden mencionar las relaciones de poder, los estereotipos de género o las prácticas sociales. Todas ellas continúan obstaculizando la plena incorporación de las mujeres a la sociedad de la información y la comunicación.

Brecha salarial

La existencia de una diferencia salarial entre hombres y mujeres es un hecho que se desprende de las encuestas y estadísticas realizadas en España, al igual que en muchos otros países desarrollados.

A pesar de que la incorporación de la mujer al mercado laboral es cada vez más creciente, ha dejado de ser un fenómeno aislado para ser sencillamente un hecho comprobado.

Esta brecha de género requiere de la investigación necesaria que permita determinar su dimensión y los factores que le afectan, para así proponer las actuaciones pertinentes que permitan un eficaz aprovechamiento de una mano de obra esencial que supone prácticamente la mitad de la población mundial.

En España, la mujer incorporada al mercado laboral constituye un grupo de población, especialmente bien formado académicamente, por lo que su contribución al crecimiento y a la competitividad es fundamental.

La brecha salarial se centra exclusivamente en la diferencia en cuanto a la retribución económica y por tanto solo aparece cuando ya se ha accedido al mercado de trabajo. No debe confundirse con la discriminación laboral que se puede dar a priori, referida al acceso de las mujeres al empleo. Esta sería otro tipo de discriminación, ya que puede producirse en cada etapa del empleo, desde la selección y contratación hasta la formación y la remuneración, pero es independiente de la brecha salarial que ahora se trata.

 Nota

La brecha salarial de género se refiere únicamente a la diferencia en retribución económica entre hombres y mujeres.

Si se desea hacer un balance entre salarios recibidos por hombres y mujeres, determinando así la brecha salarial, hay que estudiar situaciones similares en cuanto a ocupaciones, tipos de contratación, jornadas laborales, etc.

La brecha salarial de género está recogida en la Estrategia Europea de Empleo (EES) y en los Indicadores de Desarrollo Sostenible incluidos en el objetivo 5. Según Eurostat el fin de este objetivo es conseguir la igualdad de género erradicando todas las formas de discriminación hacia las mujeres.

Comparando la brecha salarial de género de la Unión Europea y de España se observa un decrecimiento a lo largo de los años.

Brecha salarial de género UE y España

Fuente ODS 5 Igualdad de Género (Eurostat)

La brecha salarial está relacionada de forma más o menos directa con los siguientes factores:

- Segregación del mercado de trabajo con diferente representación de hombres y mujeres en los distintos sectores económicos.

- Las características de la oferta de empleo femenino. A la hora de elaborar algunas ofertas, las empresas pueden tener en mente el perfil de género más adecuado a dicha oferta, dejando un poco de lado las cualidades o habilidades que posee la persona en cuestión.

- Inferior valoración social y económica del trabajo realizado por las mujeres. Esta diferencia, en cuanto a valoración, se da en mayor medida en categorías profesionales de baja cualificación.

- Distintas posiciones de mujeres y hombres en el empleo, así se observa la menor presencia de mujeres en algunos sectores y ocupaciones, en puestos de responsabilidad, etc. Esto conlleva una discriminación a nivel económico.

- Renuncia obligatoria a promociones salariales debido a la ausencia de reparto equitativo de responsabilidades familiares, unidas a la incorporación de la mujer al mercado laboral. Eso, aunque puede entenderse como algo "voluntario", es una realidad que marca la brecha salarial, ya que la cultura empresarial vigente requiere una dedicación plena a la empresa, estando la retribución y la promoción profesional asociada a esta condición.

En octubre de 2020 se publicó el Real Decreto 902/2020, de 13 de octubre, en el que se regula la igualdad retributiva entre mujeres y hombres.

 Sabía que...

Las empresas al elaborar algunas ofertas pueden tener en mente el perfil de género más adecuado a dicha oferta, con lo cual la elección de la persona estaría ya de antemano supeditada a ser hombre o mujer.

6. Resumen

La identificación de indicadores de género en la calidad de vida de la mujer es un factor de estudio destacable. Conseguir una equidad en cuanto a conciliación de la vida personal, familiar y laboral es un determinante por el que se apuesta, de forma creciente en nuestra sociedad, pero que aún continúa dándose de forma desigual entre sexos. Apostar por igualar los denominados espacios públicos entre hombres y mujeres y equiparar la distribución de tiempos puede contribuir a ello.

Además de esta conciliación laboral, es fundamental mencionar otros indicadores que lleven a considerar aspectos que fomenten la calidad de la salud en la mujer, el bienestar físico y psicológico o su mayor consideración en el mundo deportivo. Todos ellos son indicadores que si se fomentan contribuirán a disminuir la brecha de género, que hasta ahora está más enfocada a la brecha digital y salarial.

Ejercicios de repaso y autoevaluación

1. **Determine si la siguiente oración es verdadera o falsa:**

   a. La posibilidad de acceso a los recursos de ocio o sanitarios se puede definir como factores gubernamentales que determinan la calidad de vida.

      ☐ Verdadero
      ☐ Faso

2. **Relacione los siguientes elementos:**

   a. Factores relacionales
   b. Factores ambientales
   c. Factores materiales
   d. Bienestar personal

   __ Redes sociales
   __ Grado de seguridad en la zona
   __ Posición en el mercado laboral
   __ Predisposición para disfrutar

3. **En lo que respecta a los espacios y tiempos asociados a género, explique la diferencia entre espacio privado y público.**

   _____
   _____
   _____
   _____
   _____
   _____
   _____
   _____

4. Las actividades que se desarrollan en el espacio privado en comparación con las referidas al espacio público son:

    a. Más valoradas socialmente las del espacio privado.

    b. Menos valoradas socialmente las del espacio privado.

    c. Igualmente valoradas las que se desarrollan en los dos espacios.

    d. Hay diferencias en este aspecto según los autores que las estudian.

5. ¿Cuál de las siguientes no es una dimensión de la clasificación que hace el Instituto Europeo de la Igualdad de Género para generar el índice Gender Equality Index?

    a. Trabajo

    b. Economía

    c. Salud

    d. Empoderamiento

6. Complete la siguiente frase.

El hecho de que _____ ocupen mayoritariamente las jornadas a tiempo parcial está relacionado directamente con la _____.

7. Determine los modos en los que el Observatorio de Igualdad estructura la brecha digital de género y defina brevemente uno de ellos.

_____

_____

_____

_____

_____

_____

_____

8. Relacione los siguientes elementos:

    a. Primera brecha digital de género

    b. Segunda brecha digital de género

    c. Tercera brecha digital de género

___ Acceso material a las TIC.
___ Uso de las TIC: habilidades digitales y motivos de uso.
___ Impacto de los resultados de las prácticas digitales.

9. **Elija la opción que mejor define a los indicadores de género.**

    a. Son las medidas específicas que permiten evidenciar y cuantificar las desigualdades existentes entre hombres y mujeres en un contexto determinado (salud, deporte, urbanismo, laboral, etc.).

    b. Son los valores subjetivos que permiten cuantificar las desigualdades entre hombre y mujeres en un contexto determinado (salud, deporte, urbanismo, laboral, etc.).

    c. Los indicadores de género son las variables subjetivas que nos indican las diferencias de género.

    d. Comprende los aspectos que indican en qué porcentaje se dan las diferencias de género en cada ámbito social.

10. **Mencione los ejemplos que se le ocurran sobre indicadores deportivos de género (dos o tres ejemplos).**

_____

_____

_____

_____

_____

_____

_____

Capítulo 2
Identificación y gestión de recursos para la promoción de la igualdad efectiva de mujeres y hombres en diferentes contextos (salud y sexualidad, educación, ocio, deporte, movilidad, urbanismo, conciliación y gestión de tiempos)

Contenido

1. Introducción

En el fomento de la igualdad de género se hace necesario un marco normativo que lo regule a través de leyes, órdenes o resoluciones que a su vez lo enmarquen en el ámbito europeo, estatal y lo concreten a nivel autonómico y local. Complementariamente, se dispone a nivel de Comunidad Europea y estatal de algunas guías y manuales que hacen más aplicables y posibles los principios de la promoción de la igualdad de género.

Estos documentos permiten disponer de una red de recursos y servicios con los que agilizar el trabajo en igualdad en diferentes contextos, tales como salud, sexualidad, ocio y deporte o conciliación de la vida familiar y laboral.

Uno de los más conocidos puntos de información sobre recursos, actuaciones y ayudas es el Observatorio de la Salud. Este observatorio supone uno de los focos de difusión y sensibilización de la igualdad de género, junto con los movimientos asociativos que existen en nuestro país.

2. Procedimientos de elaboración de mapa de recursos, servicios y actuaciones en el entorno de intervención

De la identificación y gestión de recursos para la promoción de la igualdad en términos generales, se hacen responsables algunos organismos que pueden definirse como promotores de la igualdad de género. Estos organismos tienen su punto más alto en la Organización de Naciones Unidas (ONU) para pasar a concretarse y especializarse a nivel nacional y regional, a través de órganos como el Instituto de las Mujeres.

Desde el Instituto de las Mujeres se establece y gestiona de forma nacional y local los diferentes recursos y actuaciones que pretenden intervenir en temas de salud, sexualidad, ocio, cultura o deporte.

Se hace fundamental la elaboración de un mapa de recursos en el que se cataloguen las acciones y servicios que se ofrecen a los ciudadanos, tanto hombres como mujeres para una intervención completa. Estos recursos van a ser desarrollados a lo largo del capítulo.

2.1. Organismos e instituciones que gestionan los recursos a mujeres

A continuación, se describen los principales organismos que se responsabilizan de gestionar las actuaciones en materia de género como la oferta, gestión, divulgación y evaluación de los recursos, servicios y actuaciones en el tema de igualdad. Existen numerosas subdivisiones dentro de la política que enmarca este terreno, quizá con la intención de gestionarlo de una manera más específica y por tanto concretizada. Se tratarán las entidades más conocidas, diferenciando entre aquellas a nivel europeo, estatal y provincial.

Entidades de las Naciones Unidas dedicadas a la promoción de la mujer a nivel europeo

A nivel europeo, se gestionan de forma estratégica todos aquellos principios y servicios que marcarán la igualdad entre las mujeres y hombres y que se materializarán en cada uno de los estados miembros.

Organización de Naciones Unidas Mujeres (ONU Mujeres)

La entidad denominada *ONU Mujeres* se crea en el año 2010, desde la Asamblea General de las Naciones Unidas. Dicha entidad surge con el fin de centrarse en la igualdad y el empoderamiento de las mujeres.

Las principales funciones de *ONU Mujeres* son:

▪ Apoyar a las entidades intergubernamentales en cuanto a la formulación de políticas y normas mundiales basadas en la igualdad de recursos.
▪ Apoyo técnico y financiero adecuado para ayudar a los países que lo soliciten.
▪ Gestionar los compromisos de la ONU en materia de igualdad de género.

 **Recuerde**

Las entidades responsables de estudiar, gestionar y concretizar los recursos y servicios en el tema de igualdad de género, se concretan tanto a nivel europeo como estatal y provincial.

Comisión de la Condición Jurídica y Social de la Mujer (CSW)

Este es un órgano subsidiario del Consejo Económico y Social de la ONU (ECOSOC), creado en 1946. Su finalidad ha sido formular directrices para mejorar la condición de las mujeres en los ámbitos económico, político, social, cultural y educativo.

Instituto Europeo de la Igualdad de Género

El Instituto Europeo de la Igualdad de Género (EIGE) es una agencia de la UE que trabaja para hacer realidad la igualdad de género en la UE y fuera de ella. Para ello, ofrece investigación, datos y buenas prácticas al tiempo que:

- Se encarga de elaborar los estudios y estadísticas sobre la igualdad de género en la UE.
- Realiza los seguimientos sobre la forma en que la UE cumple los compromisos internacionales en materia de igualdad de género y realiza informes sobre ello.
- Entre sus objetivos está erradicar la violencia de género en la UE, por lo que coordina la campaña del lazo blanco, para involucrar a los hombres en este empeño.
- Trabaja de forma transversal con el resto de instituciones de la UE, poniendo a disposición conocimientos, recursos y apoyo, a la UE y a los estados miembros, para hacer frente a la desigualdad.

Entidades dedicadas a la promoción de las mujeres en el ámbito estatal

A continuación, se describen los principales organismos que se encargan de la gestión a nivel español, teniendo presente que se concretarán de forma más específica por autonomías.

Ministerio de Igualdad

Corresponde al ministerio la dirección de las políticas dirigidas a hacer real y efectiva la igualdad entre mujeres y hombres y la eliminación de toda forma de discriminación por sexo, origen racial o étnico, religión o ideología, orientación sexual, identidad de género, edad, discapacidad, etc. También se encarga de elaborar y desarrollar las normas y medidas para garantizar la igualdad de trato y de oportunidades entre mujeres y hombres, para impulsar la participación de la mujer y para prevenir y eliminar la violencia contra la mujer.

Dentro de este ministerio se encuentran como órganos superiores, la Secretaría de Estado de Igualdad y para la Erradicación de la Violencia contra las Mujeres y la Subsecretaría de Igualdad. Además, como órgano autónomo, cuenta con el Instituto de las Mujeres.

Secretaría de Estado de Igualdad y para la Erradicación de la Violencia contra las Mujeres

Como ya se ha hecho mención este organismo depende del Ministerio y entre sus funciones se destacan las siguientes:

■ Proponer y desarrollar las políticas del Gobierno en materia de igualdad, de prevención y eliminación de toda clase de discriminación de las personas por razón de sexo, origen racial o étnico, religión o ideología, orientación sexual o identidad de género, edad, discapacidad o cualquier otra condición o circunstancia personal o social, y de erradicación de las distintas formas de violencia contra la mujer, así como la violencia ejercida contra personas lesbianas, gais, bisexuales, transexuales e intersexuales (LGBTI) y dentro de las relaciones afectivas de estas.

- Coordinar las políticas de la Administración General del Estado en materia de igualdad de trato y de oportunidades, con especial referencia a la igualdad entre hombres y mujeres, así como el desarrollo de políticas de cooperación con las administraciones de las comunidades autónomas y entidades locales en materias de su competencia, sin perjuicio de las competencias atribuidas a otros Departamentos.
- Proponer, elaborar y desarrollar las normas, actuaciones y medidas dirigidas a asegurar la igualdad de trato y de oportunidades, especialmente entre mujeres y hombres, y el fomento de la participación social, política y económica de las mujeres.
- Supervisar la aplicación y desarrollo normativo de las leyes de Igualdad y Violencia de Género (Ley Orgánica 3/2007, de 22 de marzo, para la igualdad efectiva de mujeres y hombres, Ley Orgánica 1/2004, de 28 de diciembre, de Medidas de Protección Integral contra la Violencia de Género y Ley 15/2022, de 12 de julio, integral para la igualdad de trato y la no discriminación).

El organismo que depende de esta Secretaria de Estado es la Delegación del Gobierno contra la Violencia de Género.

Delegación del Gobierno contra la Violencia de Género

Este organismo se encarga de formular y proponer las políticas públicas contra las distintas formas de violencia contra la mujer por razón de género, y coordinar e impulsar cuantas acciones se realicen en dicho ámbito, trabajando en colaboración y coordinación con las Administraciones competentes.

Está legitimada ante los órganos jurisdiccionales para intervenir en defensa de los derechos y de los intereses tutelados en la Ley Orgánica 1/2004, de 28 de diciembre, de medidas de protección integral contra la violencia de género, en colaboración y coordinación con las diferentes Administraciones.

Instituto de las Mujeres

Las diferentes funciones que mantiene el Instituto de las Mujeres son:

- La representación del Instituto las Mujeres.
- La disposición de gastos y la ordenación de pagos.
- La concesión, en nombre del Organismo, de los contratos públicos y privados necesarios para el desarrollo de sus funciones.
- La administración, gestión y recaudación de los derechos económicos del propio Organismo autónomo.
- La elaboración de los anteproyectos de presupuestos y la preparación de la memoria anual relativa a las actividades del Instituto.
- El ejercicio, en materia de personal, de las atribuciones que como Directora del Organismo autónomo le corresponden.
- La Dirección administrativa del Instituto.
- La Secretaría del Consejo de Participación de las Mujeres.

 Sabía que...

El Instituto de las Mujeres se coordina con el Instituto Europeo de la Igualdad de Género con el objetivo de promover la igualdad y sensibilización en cuestiones de género, unificando los criterios a nivel europeo.

Dirección General para la Igualdad de Trato y No Discriminación y contra el Racismo

Las funciones de esta Dirección General son:

- Impulso y desarrollo de la aplicación transversal del principio de igualdad de trato y no discriminación por razón de origen, religión, ideología, edad, enfermedad u otra condición social o personal.

- Diseño, programación y coordinación de las actuaciones y medidas que, en el ámbito de la Administración General del Estado, contribuyan a la promoción de la igualdad de trato y la no discriminación, y colaboración en la materia con las comunidades autónomas y otras entidades públicas y privadas.
- Realización de informes y estudios, y análisis y valoración de estadísticas, en las materias que afecten a la igualdad de trato y la no discriminación, intolerancia y diversidad étnico racial; así como su difusión e intercambio con otros departamentos ministeriales y entes públicos o privados, de ámbito internacional, nacional, autonómico o local.
- Formulación de iniciativas y actividades de sensibilización social, información, formación, participación, y cuantas otras sean necesarias para la promoción de la igualdad de trato y la no discriminación de las personas.
- Promoción de medidas dirigidas a la asistencia y protección de las personas víctimas de discriminación, sin perjuicio de las competencias de otros departamentos ministeriales.
- Propuesta de instrumentos de cooperación en el diseño de contenidos de los planes de formación del personal de la Administración responsable de las áreas relacionadas con la igualdad de trato y la no discriminación, intolerancia, discurso y delito de odio.
- Propuesta de medidas especiales en el ámbito social, económico, sanitario, educativo, de empleo, político y del sector público, de vivienda, cultural, etc., para garantizar la protección de determinados colectivos que sufren intolerancia.

Dirección General para la Igualdad real y efectiva de las personas LGTBI+

Esta Dirección General cuenta entre sus funciones con las siguientes:

- Desarrollar las normas que contribuyen a resolver las situaciones de discriminación.
- Aplicar de forma transversal las políticas de derechos LGTBI entre ministerios y su coordinación.

▪ Elaborar informes y estudios sobre el derecho a la igualdad de trato y no discriminación de las personas por su orientación sexual, identidad o características sexuales en ámbitos como la educación, el empleo, los mayores, las personas transexuales...

2.2. Servicios de salud para las mujeres

En el tema de salud, las necesidades para la población masculina y femenina se intentan paliar por medio de las políticas sanitarias y de los servicios ofrecidos desde las mismas.

Hay que tener presente que las necesidades de mujeres y hombres pueden no ser iguales y, por este motivo, deben ofrecerse diferentes servicios, ya que tanto la frecuencia en el uso de los mismos como el motivo de las consultas, las hospitalizaciones o la prescripción de tratamientos tienen unas connotaciones diferenciadas.

Así, por ejemplo, algunas de las peculiaridades que se encuentran al estudiar la salud en las mujeres, en contrapartida de los hombres, pueden relacionarse con:

■ El consumo de sustancias como psicofármacos o tabaco.
■ Los embarazos.
■ Las enfermedades de transmisión sexual.
■ Tipología de enfermedades médicas.

Desde el Instituto de las Mujeres, se crea un Programa de Salud con la finalidad de promover el principio de igualdad de oportunidades en las políticas sanitarias. Este programa se potencia tanto en los ámbitos centrales como autonómicos. En la página web del Instituto, en su área temática de Salud se pueden consultar programas, actividades formativas, seminarios, encuentros y publicaciones relacionadas con este ámbito.

Además de ello, y con la finalidad de promulgar su divulgación, el Instituto da acceso al Observatorio de Salud de las Mujeres (Ministerio de Sanidad) que mantiene disponible en línea la información, tanto de programas y actividades como de aspectos formativos y novedades.

Las principales acciones y programas que se ponen en marcha en el ámbito de la salud están enmarcadas en diversos focos de intervención que se estudian a continuación. Estos focos son tres: problemas de salud prevalentes en las mujeres, programas para mujeres en riesgo de exclusión y participación y empoderamiento de la mujer en la salud.

Problemas de salud prevalentes en las mujeres

En el ámbito sanitario se desarrollará una serie de programas enfocados a mejorar la salud diaria en las mujeres. Estos programas incluirán el denomina do programa de calidad psicológica ante el cáncer de mama y el programa de atención biopsicosocial. Ambos intentan paliar las necesidades de salud más prevalentes en las mujeres.

Programa para mejorar la calidad de vida de las mujeres con cáncer de mama

Este programa se centra en ofrecer a las mujeres que padecen esta tipología de cáncer una intervención psicológica, social y laboral enfocada a mejorar su calidad de vida. Las líneas de trabajo de la terapia psicológica favorecen una actitud positiva ante la enfermedad, ayudarles a afrontar el diagnóstico y las nuevas condiciones de vida y facilitarles estrategias para resolver los problemas que se puedan presentar al respecto.

Programa de atención biopsicosocial al malestar de las mujeres

Este programa ofrece a profesionales de atención primaria, medicina de familia y residentes de MIR y ha sido recogido en el libro de "Buenas prácticas" del Instituto.

Se centra en estudiar los síndromes del malestar, incorporando la perspectiva biopsicosocial y de género, tanto en la formación de futuros médicos como en los que ya están ejerciendo su labor.

Importante

El Instituto de las Mujeres pone en funcionamiento diferentes programas de atención enfocados a temas de salud física, psicológica y biopsicosocial.

Programas y publicaciones de salud para mujeres en riesgo de exclusión

En cuanto a los recursos que se centran en las mujeres en riesgo de exclusión destacan aquellos enfocados a las drogodependencias, los destinados a mujeres que se encuentran en instituciones privadas de libertad y las actuaciones destinadas a mujeres inmigrantes.

Intervención en drogodependencias con enfoque de género

Esta publicación de la serie Salud tiene como finalidad mejorar la intervención con mujeres drogodependientes, centrándose en el tipo de programa y la relación terapéutica, y que se tengan en cuenta sus circunstancias personales y sociales en los servicios ofrecidos por las entidades sanitarias. Con esta finalidad, el Instituto de las Mujeres colabora, a través de un convenio con la Delegación del Gobierno, para el desarrollo del Plan Nacional sobre Drogas.

Programa de prevención de la violencia de género para las mujeres en centros penitenciarios

La línea estratégica fundamental de este programa es conseguir eliminar la violencia de género y reducir sus consecuencias para las mujeres en centros penitenciarios, disminuyendo así las situaciones vulnerables de violencia y dependencia.

Guía Salud XVIII. La salud en las mujeres inmigrantes

Con esta guía se quieren visibilizar los factores que afectan a la salud de las mujeres inmigrantes por el hecho de ser mujer y por la vivencia del hecho migratorio. Se trata el concepto de salud no solo como inexistencia de enfermedad sino como algo más amplio, que afecta a factores como la vivienda, el trabajo, las experiencias vividas, etc.

Participación y empoderamiento de las mujeres en los procesos de salud

Como ejemplo de esta iniciativa existe un programa llamado "Red de Mujeres Profesionales de la Salud" promovido por el Instituto de las Mujeres y cuya finalidad es establecer una relación directa entre diferentes mujeres que desarrollan su trabajo profesional en el ámbito sanitario.

Con este objetivo se realizan jornadas anuales sobre "Género y Salud" que son coordinadas por el Centro de Análisis y Programas Sanitarios, en las que se presentan propuestas, programas comunes y se dialogan sobre medidas adoptadas.

 Actividades

1. Busque información sobre el manual de buenas prácticas que elabora el Instituto de las Mujeres. Elija dos pautas o mecanismos de los que contiene para fomentar las buenas prácticas y coméntelos.
2. Reflexione sobre la importancia que puede tener la creación de una red de mujeres profesionales de la salud que desarrollen su labor en los centros sanitarios. Justifique su respuesta.

2.3. Servicios para la salud y la autonomía personal

El denominado Sistema para la Autonomía y Atención a la Dependencia (SAAD) actúa a nivel central o estatal, estando integrado por los centros y servicios públicos y privados.

Este sistema se constituye con el fin de promover la autonomía personal y garantizar la atención y protección de personas dependientes, tanto hombres como mujeres.

El catálogo de servicios del Sistema al que puede acogerse cualquier mujer que se encuentre con dificultades en su autonomía personal queda enmarcado de la siguiente manera:

- Servicios de prevención y promoción de la autonomía personal.
- Servicio de teleasistencia.
- Servicio de ayuda a domicilio. Este comprende: atención de las necesidades del hogar y cuidados personales.
- Servicio de centro de día y de noche: para mayores, para menores de 65 años, de atención especializada y nocturno.
- Servicio de atención residencial, que comprende dos tipos: residencia de personas mayores en situación de dependencia y centro de atención a personas en situación de dependencia.

Además de estos servicios, la ayuda para la promoción de la salud y la autonomía personal contempla unas prestaciones económicas vinculadas a los diferentes servicios, facilitando así la asistencia sanitaria basada en la autonomía personal.

2.4. Centros de salud sexual y reproductiva y de planificación familiar

Siguiendo los programas elaborados por el Instituto de las Mujeres, en esta ocasión se trata el **Programa de prevención de la transmisión heterosexual del VIH/sida en mujeres.** Dentro de este programa preventivo se ha elaborado el denominado "Protocolo de prevención de la transmisión heterosexual del VIH con enfoque de género en atención primaria". Este programa tiene como base fundamental favorecer la detección en las consultas de atención primaria, de mujeres vulnerables a la transmisión del VIH. Para ello, algunas líneas de trabajo con las pacientes se centrarán en el cambio de actitudes, la información de las prácticas sexuales de riesgo y la detección precoz de la infección.

 **Nota**

El Instituto Nacional de Gestión Sanitaria publica en su web el "Manual sobre Prevención de Embarazos No Deseados, Infecciones de Transmisión Sexual (ITS) y Virus de Inmunodeficiencia Humana (VIH)", con la finalidad de ser un instrumento de revisión y de estímulo para las decisiones en estos ámbitos.

En cuanto a la salud reproductiva y la planificación familiar, el Ministerio de Sanidad publica desde 2011 la denominada **"Estrategia nacional de salud sexual y reproductiva"**. En su versión 2019-2020 se recogen como líneas estratégicas las siguientes:

- Promoción de la salud.
- Atención sanitaria.
- Formación de profesionales.
- Investigación, innovación y buenas prácticas.

Para el desarrollo de estas medidas el Ministerio pone a disposición pública una diversidad de centros en los que la mujer será atendida. Estos centros se localizan bien de manera directa, dentro de los mismos centros de salud u hospitales o bien de forma externa, siendo derivadas las mujeres a los mismos o bien pudiendo acudir por iniciativa propia.

 Recuerde

En los servicios de salud destacan, por un lado, aquellos que se realizan de forma general para la atención sanitaria física o mental de las mujeres y, por otro lado, destacan los servicios de salud basados en la autonomía personal.

Aplicación práctica

Imagine que es un profesional sanitario que quiere poner en funcionamiento en su centro de atención primaria un programa de prevención de enfermedades de transmisión sexual enmarcado dentro de los programas de salud que contempla el Instituto de las Mujeres.

Determine cómo lo llevaría a cabo.

SOLUCIÓN

Este programa preventivo de enfermedades de transmisión sexual se enfocaría, tal y como señala el Instituto, desde una vertiente informativa.

Su intención será implicar a los profesionales de atención primaria por un lado, en los procesos de identificación e intervención ante enfermedades de transmisión sexual. En este sentido, podrá elaborar alguna sesión informativa, redactar protocolos de actuación o bien servirse de los elaborados por el Instituto. En ellos se marcarán líneas de intervención cuando se hayan detectado casos con enfermedades de transmisión sexual.

Otra de las actuaciones que podría realizar sería promover la implantación de protocolos específicos que ayuden a unificar criterios en base a la identificación temprana o la prevención secundaria. Estos protocolos se pueden concretar en base a los elaborados a nivel general por el Ministerio, pero adaptándolos a su centro.

2.5. Servicios de ocio y tiempo libre

A través del área temática "Sociedad de la información" del Instituto de las Mujeres, se presentan algunos recursos web sobre buenas prácticas de TIC y género. Las iniciativas que se incluyen están relacionadas con las siguientes temáticas:

- Alfabetización digital
- Análisis de Género
- Asociacionismo/Redes
- Contra la violencia de género

- E-Comunicación de género
- E-Formación
- Emprendimiento, fortalecimiento empresarial y liderazgo
- Internacional
- Ocio y Cultura
- Sector TIC
- E-Salud

Existen asociaciones y recursos web del ámbito del ocio y la cultura que tienen como eje transversal la figura de la mujer. Entre ellas están las que se desarrollan a continuación.

Asociación de mujeres cineastas y de medios audiovisuales

Asociación que reúne a más de 200 mujeres profesionales con el objetivo de defender la igualdad de oportunidades en los medios audiovisuales y en los diferentes cargos que se pueden ejercer en este campo.

Asociación de mujeres en la música

Es una asociación de ámbito nacional cuyas líneas de actuación se centran en divulgar y promocionar el papel de las mujeres en la música a lo largo de la historia y actualmente.

Autoras en red

Es un recurso de *ciberlibrería* donde las mujeres pueden escribir en un catálogo amplio de temáticas sus relatos literarios.

Asociación EmPoderArte

Es una asociación internacional de mujeres artistas cuyo objetivo es dar visibilidad a las mujeres en este ámbito, perseguir la igualdad entre mujeres y hombres y luchar contra el machismo.

Nota

Esta asociación celebra exposiciones y actividades a lo largo del año, teniendo presente sus tres objetivos.

Campaña #directedbywomen

Este recurso Ocio/Cultura promociona el cine y las series televisivas dirigidas por mujeres a nivel mundial. La asociación de mujeres cineastas utiliza esta campaña durante el mes de septiembre para dar visibilidad a las mujeres directoras.

Mujer & viajera

Portal web dedicado a la promoción de viajes para mujeres, con la intención de compartir experiencias y aventuras.

2.6. Becas y ayudas para acciones de ocio, cultura y deporte

El tema de las becas enfocadas a mujeres no es algo que se observe de manera muy amplia en nuestro país. A través del mismo Instituto de las Mujeres, se puede comprobar que las únicas becas que se disponen se relacionan con estudios de posgrado relacionados con la perspectiva de género o bien becas para apoyar al movimiento asociativo.

El mayor número de becas destinadas a mujeres va enfocado, actualmente, a la creación de empresas y al autoempleo. En este sentido existen becas nacionales, autonómicas y locales.

estrategia de incorporación de las cuestiones de género. Ambos objetivos se centran en vertebrar una política de género transversal para la OIT, de conformidad con la Declaración de 2008 de la OIT sobre la justicia social para una globalización equitativa y la Resolución de la Conferencia Internacional del Trabajo (CIT) de 2009 sobre la igualdad de género como eje del trabajo decente, entre otros documentos de política de la OIT.

Desde las Administraciones Públicas se ponen en marcha diferentes planes y convocatorias para lograr la igualdad en el empleo. Para ello, se plantean una serie de ámbitos de actuación y unas medidas concretas para alcanzarlos:

- **Planes de igualdad:** se trata de "un conjunto ordenado de medidas, adoptadas después de realizar un diagnóstico de situación, tendentes a alcanzar en la empresa la igualdad de trato y de oportunidades entre mujeres y hombres y a eliminar la discriminación por razón de sexo" (arts. 45 a 49 Ley Orgánica 3/2007). Para impulsar la adopción de planes de igualdad, el Gobierno ha establecido medidas de fomento, dirigidas a empresas y otras entidades. Entre estas medidas, el Instituto de las Mujeres dependiente del Ministerio de Igualdad, prevé la puesta en marcha de actuaciones tales como: **la convocatoria de subvenciones para pymes para la implantación voluntaria de planes de igualdad, y el Servicio de asesoramiento técnico para el diseño y elaboración de planes de igualdad en las empresas,** que responden al compromiso de facilitar la igualdad entre mujeres y hombres en el ámbito de las empresas.

- **Distintivo "Igualdad en la Empresa":** este distintivo se crea con el fin de reconocer y estimular la labor de las empresas comprometidas con la igualdad, la creación del distintivo Igualdad en la Empresa se propone en el artículo 50 de la Ley Orgánica 3/2007, de 22 de marzo, para la igualdad efectiva de mujeres y hombres. Este distintivo distinguirá a aquellas empresas que destaquen por la aplicación de políticas de igualdad entre mujeres y hombres en las condiciones de trabajo, en los modelos de organización y en otros ámbitos, como los servicios, productos y publicidad de la empresa. El Real Decreto 1615/2009, de 26 de octubre, que regula la concesión y utilización del distintivo "Igualdad en la Empresa", ha sufrido cambios en los últimos tiempos. Las principales modificaciones van enfocadas al procedimiento de concesión y a las obligaciones que se derivan de él; a aspectos tales como vigencia, suspensión y finalización de la concesión; y al registro de información sobre la concesión, renovación, renuncia y revocación del distintivo.

- **Igualdad salarial:** el derecho a la igualdad salarial y a la no discriminación retributiva entre mujeres y hombres es un derecho reconocido expresamente en la Constitución Española (artículo 35 CE), en la Ley Orgánica 3/2007, de 22 de marzo (artículo 5), y en el Estatuto de los Trabajadores, cuyo artículo 28 dispone: *El empresario está obligado a pagar por la prestación de un trabajo de igual valor la misma retribución, satisfecha directa o indirectamente, y cualquiera que sea la naturaleza de la misma, salarial o extrasalarial, sin que pueda producirse discriminación alguna por razón de sexo en ninguno de los elementos o condiciones de aquella.* Además, se publicó el 13 de octubre el Real Decreto 902/2020 en el que se regula la igualdad retributiva entre mujeres y hombres. Con el objetivo de fomentar el respeto a este principio se ponen en marcha las siguientes iniciativas: Días de la igualdad salarial (22 de febrero Día de la Igualdad Salarial y Día Europeo de la Igualdad Salarial, que se celebra en diferentes fechas) campañas de publicidad como "Tiempo de cambios. Brecha Cero", organización de la carrera por la igualdad salarial, etc.

- **Acoso sexual y por razón de sexo:** la Ley Orgánica 3/2007, de 22 de marzo, para la igualdad efectiva de mujeres y hombres prohíbe el acoso sexual y acoso por razón de sexo, define los mismos como situaciones discriminatorias, y considera como discriminación directa por razón de sexo todo trato desfavorable a las mujeres relacionado con el embarazo o la maternidad (art. 7 y 8). Por su parte, el artículo 9 trata la indemnidad frente a represalias. Las iniciativas tomadas para paliar el acoso en las empresas pasan por promover condiciones de trabajo que eviten el acoso sexual y el acoso por razón de sexo y arbitrar procedimientos específicos para su prevención y para dar cauce a las denuncias o reclamaciones que puedan formular quienes hayan sido objeto del mismo. Con esta finalidad se podrán establecer medidas que deberán negociarse con los representantes de los trabajadores, tales como la elaboración y difusión de códigos de buenas prácticas, la realización de campañas informativas o acciones de formación. Además los representantes de los trabajadores deberán contribuir a prevenir el acoso sexual y el acoso por razón de sexo en el trabajo y en el ámbito digital, mediante la sensibilización de los trabajadores y trabajadoras frente al mismo y la información a la dirección de la empresa de las conductas o comportamientos de que tuvieran conocimiento y que pudieran propiciarlo. Estas dos medidas se encuentran recogidas en el artículo 48, Ley Orgánica 3/2007, de 22 de marzo, para la igualdad efectiva de mujeres y hombres.

- **Formación para el empleo:** el derecho al trabajo en igualdad de oportunidades se encuentra incluido en el Título IV de la Ley Orgánica para la igualdad efectiva de mujeres y hombres, donde se incorporan medidas para garantizar la igualdad entre mujeres y hombres en el acceso al empleo, en la formación y en la promoción profesional, así como en las condiciones de trabajo y los derechos de conciliación y el impulso de la corresponsabilidad. Estas medidas se ven además apoyadas por las medidas tomadas en los diferentes Planes Estratégicos para la Igualdad de Oportunidades.

- **Emprendimiento:** con el objetivo de impulsar el emprendimiento femenino y apoyar a las mujeres emprendedoras, empresarias y autónomas, se llevan a cabo una serie de actuaciones:

  - Emprendimiento femenino en el mundo rural programa "Desafío Mujer Rural".
  - Programa Innovatia 8.3, con el objetivo de fomentar el espíritu empresarial de las mujeres en el ámbito científico-tecnológico.
  - Programa de Apoyo Empresarial a las Mujeres PAEM, facilita información directa y especializada a través de puntos específicos situados en más de 50 cámaras de comercio. Además cuenta con un apoyo de financiación de microcréditos (Microbank).
  - Escuela de emprendedoras Juana Millán, que promueve la autonomía económica de las mujeres.

- **Promoción Profesional:** conseguir una presencia más equilibrada de mujeres y hombres en los puestos de alta responsabilidad de las compañías es asunto de derechos fundamentales y justicia social, pero además es la forma de ser más eficientes como empresas y como sociedad. Para ello, se plantea el programa **"Más Mujeres mejores empresas"**, que constituye una iniciativa flexible, integral y novedosa a la que ya se han adherido más de 140 de las más importantes empresas españolas que se han comprometido a incrementar, en un plazo de 4 años, el número de mujeres que ocupan en sus compañías los puestos predirectivos, directivos, comités de dirección y consejos de administración. Otro recurso es el **Currículum Vitae anónimo,** con el que se quiere eliminar los sesgos discriminatorios en los procesos de selección de personal y, en ocasiones, en los de promoción profesional.

■ **Corresponsabilidad y conciliación de la vida personal, familiar y laboral:** la corresponsabilidad social va más allá de la conciliación. El significado de la corresponsabilidad social va más allá de aumentar la implicación de las personas en el reparto de las responsabilidades domésticas y familiares, especialmente los hombres, para extenderse a otros agentes sociales e instancias públicas y privadas. Para ello, se tomarán las siguientes medidas por parte de la Secretaría de Estado de Igualdad y para la Erradicación de la Violencia contra las Mujeres, a través de la Dirección General para la Igualdad de trato y no Discriminación y contra el Racismo: dotar de impulso, promoción y participación en el diseño de las políticas públicas encaminadas a mejorar la empleabilidad y permanencia en el empleo de las mujeres, potenciando su nivel formativo y su adaptabilidad a los requerimientos del mercado de trabajo. Y la elaboración, impulso y desarrollo de políticas y medidas que fomenten y sensibilicen en materia de conciliación del trabajo y de la vida personal y familiar y de la corresponsabilidad en las responsabilidades familiares.

■ **Grupos de Especial Vulnerabilidad:** en el III Plan Estratégico para la Igualdad Efectiva de Mujeres y Hombres 2022-2025 se incluyen varios objetivos. Entre ellos, se incluye uno que va encaminado a garantizar una vida libre de violencia machista para las mujeres. Para las mujeres víctimas de violencia de género va dirigida la siguiente medida: Programa para fomentar la inserción laboral de las mujeres víctimas de violencia machista.

■ **Responsabilidad Social Empresarial:** se entiende por Responsabilidad Social de las Empresas (RSE) la integración voluntaria, por parte de las empresas, de las preocupaciones sociales, laborales, medioambientales y de respeto a los derechos humanos con sus grupos de interés, responsabilizándose así de las consecuencias y los impactos que derivan de sus acciones. Para guiar y vigilar por esta Responsabilidad Empresarial se crea en España el Consejo Estatal de la Responsabilidad Social Empresarial (CERSE).

3. Manejo del marco normativo, de guías y manuales de ámbito europeo, estatal, autonómico y/o local sobre distintos ámbitos

Para empezar, se describe un marco normativo general de aplicación a los diferentes temas que se van a estudiar. Este marco representa algunas de las normas principales que rigen la promoción de igualdad a nivel europeo, estatal o autonómico. Posteriormente, dentro de cada apartado se mencionarán aquellas leyes que concreten cada temática, si es que las hubiera. Entre la normativa más destacada se encuentran las siguientes leyes:

- Ley Orgánica 3/2007, de 22 de marzo, para la igualdad efectiva de mujeres y hombres.
- Ley Orgánica 2/2024, de 1 de agosto, de representación paritaria y presencia equilibrada de mujeres y hombres.
- Real Decreto 902/2020, de 13 de octubre, de igualdad retributiva entre mujeres y hombres.
- III Plan Estratégico para la igualdad efectiva de mujeres y hombres 2022-2025.
- Ley 15/2022, de 12 de julio, integral para la igualdad de trato y la no discriminación.
- Carta Europea para la igualdad de mujeres y hombres en la vida local que invita a las entidades locales a desarrollar sus competencias para alcanzar una mayor igualdad entre todas las personas.
- La Convención sobre la eliminación de todas las maneras de discriminación contra la mujer y el protocolo opcional a la convención (CEDAW).

Este marco normativo sirve de base para el desarrollo de recursos tales como guías o manuales, que se elaboran de forma continua para poner a disposición de las personas recursos que permitan fomentar y desarrollar actuaciones basadas en la igualdad de género. Una cuestión importante en base a esos recursos que se describirán en cada uno de los apartados siguientes, será considerar la importancia de la actualización de los mismos. Para ello, es importante tener presente la normativa que se regula a través de leyes, órdenes y resoluciones que son publicadas por los organismos oficiales. Estos organismos las ponen a disposición de la sociedad en las entidades oficiales, que para su mayor difusión las hacen públicas a través de las páginas de internet.

3.1. Salud sexual y reproductiva

En el campo de la salud y la reproducción femenina, a nivel europeo, se publicó la **Resolución del Parlamento Europeo, de 24 de junio de 2021, sobre la situación de la salud y los derechos sexuales y reproductivos en la Unión, en el marco de la salud de las mujeres.** Esta norma se desarrolla teniendo en consideración, entre otros aspectos, la definición de salud reproductiva y sexual, como "un estado de bienestar físico, emocional, mental y social en relación con todos los aspectos de la sexualidad y la reproducción, no simplemente la ausencia de enfermedad, disfunción o dolencias, y que todas las personas tienen derecho a tomar decisiones que rijan sus cuerpos sin discriminación, coacción ni violencia y a acceder a servicios de salud reproductiva y sexual que respalden dicho derecho y ofrezcan un enfoque positivo de la sexualidad y la reproducción, dado que la sexualidad es una parte integrante de la existencia humana". Los ejes que componen esta resolución son:

- Forjar un consenso y abordar los desafíos en materia de salud y derechos sexuales y reproductivos como desafíos de la unión.
- La salud reproductiva y sexual como un componente esencial de la buena salud:

    a. Acceso universal a productos menstruales seguros, justos y circulares.
    b. Una educación sexual integral en beneficio de los jóvenes.
    c. Anticonceptivos modernos como estrategia para lograr la igualdad de género.
    d. Una práctica segura y legal del aborto basada en la salud y los derechos de las mujeres.
    e. Acceso a tratamientos de fertilidad.
    f. Atención materna, prenatal y relacionada con el parto para todas las mujeres.

- Prestación de servicios de salud y derechos sexuales y reproductivos durante la pandemia de COVID-19 y todas las demás circunstancias de crisis.
- La salud y los derechos sexuales y reproductivos como pilares de la igualdad de género, la democracia y la eliminación de la violencia de género.

El programa **UEproSalud 2021-2027,** regulado por el Reglamento (UE) 2021/522 del Parlamento Europeo y del Consejo de 24 de marzo de 2021, persigue, entre otros objetivos específicos, la mejora del acceso a la asistencia sanitaria de calidad y a sus servicios, para lograr así una sanidad universal. En esta línea, algunas de las acciones subvencionables por la UE van encaminadas a apoyar a los Estados miembros en el fomento del acceso a la atención sanitaria sexual y reproductiva y en materia de prevención, diagnóstico, tratamiento y asistencia.

A nivel nacional merecen especial mención los siguientes recursos institucionales y normativos.

Ley Orgánica 2/2010, de 3 de marzo, de salud sexual y reproductiva y de la interrupción voluntaria del embarazo

Esta ley define la salud sexual como el estado de bienestar general de la mujer que se relaciona con la sexualidad. Por su parte, la salud reproductiva es entendida como la condición de bienestar físico y psicológico asociada a la capacidad reproductiva de la persona. Esta capacidad conlleva tener una sexualidad segura y la libertad en la decisión de tener hijos.

Esta ley promueve diferentes aspectos relacionados con la salud reproductiva:

- Acciones para eliminar la estigmatización del personal sanitario implicado en los servicios de interrupción voluntario del embarazo.
- Atención especializada a las mujeres en la fase de climaterio y menopausia.
- Aplicación de la perspectiva de género en la investigación, creación y difusión de conocimientos sobre la salud, los derechos sexuales y reproductivos.
- Relaciones de igualdad y respeto mutuo entre hombres y mujeres en el ámbito de la salud sexual.
- Adopción de programas educativos basados en la convivencia y el respeto a las opciones sexuales individuales.

Los servicios públicos de salud garantizarán en todo momento algunas cuestiones a este respecto para asegurar que la ley se cumpla de manera efectiva:

- El acceso universal a buenas prácticas clínicas en el tema de la planificación de la reproducción. Se conseguirá a través del uso de anticonceptivos de última generación con eficacia avalada científicamente.
- Servicios de calidad ofrecidos durante el embarazo, el parto y el puerperio.
- La atención perinatal de calidad efectiva.

Esta ley pretende introducir medidas de prevención de salud sexual y reproductiva ya en el ámbito educativo, con la finalidad de sustentar una auténtica prevención sanitaria. Para ello, intenta sensibilizar y formar a la comunidad educativa para que puedan colaborar en la divulgación de las medidas que se desarrollen a nivel escolar.

 Nota

En la página web del Ministerio de Sanidad están disponibles estrategias, planes y estudios relacionados con la salud sexual y reproductiva, tales como la Estrategia nacional (2010), el Plan operativo estrategia de salud sexual 2019-2020 o el Estudio cualitativo sobre salud sexual en jóvenes (2019).

Encuesta nacional de salud sexual con perspectiva de género

Desde el antiguo Ministerio de Sanidad y Política Social, renombrado recientemente como Ministerio de Sanidad dentro de las políticas previstas en su plan de calidad para el sistema nacional de salud (SNS), elaboró en 2009 la que supone la primera, y hasta ahora única encuesta nacional de salud sexual.

El responsable de llevar a cabo este trabajo encuestador ha sido el Observatorio de Salud de la Mujer (OSM) en colaboración con el Centro de Investigaciones Sociológicas (CIS). El estudio ha contado con unas 10.000 entrevistas personales a mayores de 16 años, repartidas por 789 municipios de toda España. La encuesta es la primera de sus características en todos los países de la Región Europea de la Organización Mundial de la Salud (OMS) que incluye el enfoque de género y tiene como objetivo conocer las necesidades de hombres y mujeres de todas las edades para planificar una atención sexual adecuada.

Esta encuesta merece especial atención al ser España el primer país de la Región Europea de la Organización Mundial de la Salud (OMS) en realizar una de este tipo. A pesar de que existen distintas investigaciones internacionales y europeas que han realizado encuestas, no han sido ni de la relevancia, ni del tipo, ni del alcance de la presente.

En ella se recogen resultados, gráficos y tablas referentes a:

- Información sexual que tienen tanto jóvenes como adultos al respecto.
- Experiencias sexuales: edades y vivencias de la sexualidad.
- Identidad de género y opciones sexuales que creen tener las mujeres en sus relaciones.
- Mundos del deseo y fantasías sexuales presentes en ambos sexos.
- Satisfacción sexual por sexos, haciendo distinción de género.
- Búsqueda de ayuda ante las dificultades tanto de salud sexual como reproductiva.

A continuación, se refleja en el siguiente gráfico el porcentaje de temas, relacionados con la salud sexual, en los que las mujeres reciben más información.

Mujeres de 15 a 24 años de edad cuyo curso en educación sexual incluyó temas seleccionados (%)

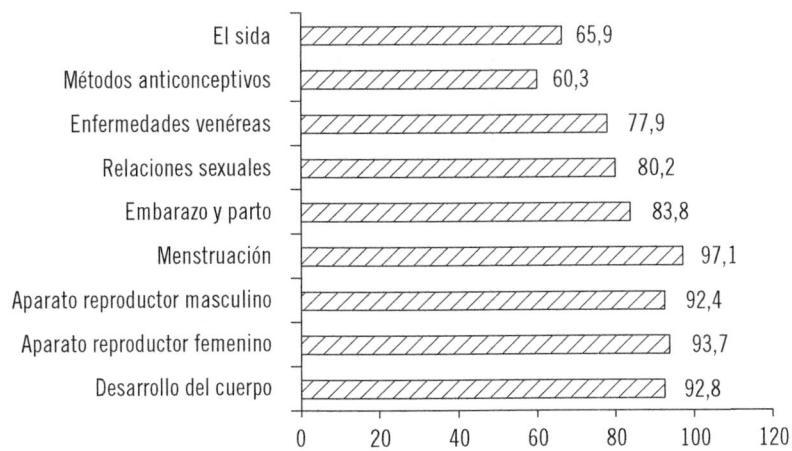

3.2. Salud

El Parlamento Europeo contempla diversas Comisiones Técnicas, una de ellas denominada "Comisión Medio ambiente, Salud pública y Seguridad Alimentaria". Esta Comisión establece que la organización y la prestación de la asistencia sanitaria competen a los gobiernos nacionales. La función de la Unión Europea en este sentido consiste en completar y reforzar las políticas nacionales con el fin de alcanzar objetivos comunes, unificar los recursos y ayudar a los países miembros a abordar retos urgentes, como pueden ser las pandemias.

En lo que respecta al marco normativo que regula la salud a nivel estatal y autonómico, destacan las leyes que se describen a continuación.

Ley 33/2011, de 4 de octubre, General de Salud Pública

Entre las actuaciones que recoge esta ley se describen, a continuación, las actuaciones más destacadas contempladas en el título II:

- Vigilancia en salud pública.
- Promoción de la salud.
- Prevención de problemas de salud.
- Prevención de enfermedades y lesiones en el Sistema Nacional de Salud.
- Gestión sanitaria como acción de salud pública.
- Protección de la salud en toda la población.
- Evaluación del impacto en salud de otras políticas públicas.
- Sanidad exterior y salud internacional.
- Sistema de información en salud pública.

Real Decreto-Ley 16/2012, de 20 de abril, de medidas urgentes para garantizar la sostenibilidad del Sistema Nacional de Salud y mejorar la calidad y seguridad de sus prestaciones

En él se pretenden establecer medidas con carácter urgente que puedan ser aplicadas en sanidad con el fin de hacer más efectiva la seguridad de los pacientes y por tanto aumentar el cuadro de atención sanitaria del Sistema Nacional de Salud.

En el conjunto de artículos que forman la Ley 15/2022, de 12 de julio, se recoge el compromiso de las administraciones públicas a garantizar la no discriminación en el acceso a los servicios sanitarios.

Sabía que...

El Parlamento Europeo contempla diversas comisiones técnicas para estudiar y hacer frente a una sanidad de calidad que promueva la salud en todo el territorio europeo.

Complementariamente a este marco normativo, destacan algunas guías que ayudan y complementan los recursos disponibles en materia de salud.

Guías de Práctica Clínica en el Sistema Nacional de Salud

Las Guías de Práctica Clínica (GPC) son un conjunto de recomendaciones enfocadas a la ayuda a profesionales y a pacientes en cuanto a las tomas de decisiones sanitarias. Esta iniciativa ha propiciado la creación de un grupo de expertos en diferentes regiones del estado en esta materia que estudian y unifican criterios de atención sanitaria en las diferentes patologías.

En principio se elabora en 2007 un manual metodológico que servirá de base para la elaboración de las diferentes guías de salud posteriores. A modo de ejemplo destacan algunas, aunque el abanico es bastante más amplio:

- Guía de práctica clínica en el manejo de la depresión en el adulto.
- Guía de práctica clínica en la conducta suicida.
- Guía de práctica clínica en el insomno.
- Guía de práctica clínica ante trastornos mentales.

Guía de Salud elaborada por el Instituto de las Mujeres

Desde el Instituto se ponen a disposición una serie de guías en su página web, y que son de acceso público. La Colección Guías de Salud comprende:

Salud IV: Las enfermedades de transmisión sexual.

Salud V: La Menopausia.

Salud VI: La consulta ginecológica.

Salud VII: Las Mujeres y el VIH Sida.

Salud VIII: Chicas adolescentes.

Salud IX: Mujeres mayores.

Salud X: Familias y Reparto de Responsabilidades.

Salud XI: Cáncer Ginecológico y de Mama.

Salud XII: Violencia contra las mujeres.

Salud XIV: La Salud Laboral de las Mujeres.

Salud XV: La Salud Mental de las Mujeres.

Salud XVI: Anorexia y Bulimia.

Salud XVII: La Salud en las Mujeres con Discapacidad.

Salud XVIII: La Salud en las Mujeres Inmigrantes.

Salud XIX: Mujeres Mayores y Actividades Físicas.

 Aplicación práctica

Imagine que es docente de un curso de Igualdad de Género y necesita estudiar los documentos, manuales o guías más recientes que el Instituto de las Mujeres elabora en temática de salud. El motivo es analizarlas y sacar los puntos claves que las resumen para presentar un estudio a sus alumnos.

Mencione las diferentes guías que estudiaría y eligiendo una de ellas determine los puntos clave que intentaría sacar de la misma como parte más significativa para su presentación a los alumnos.

Continúa en página siguiente >>

<< Viene de página anterior

SOLUCIÓN

Las guías que estudiaría serían:

▌ Las enfermedades de transmisión sexual.
▌ La Menopausia.
▌ La consulta ginecológica.
▌ Las Mujeres y el VIH Sida.
▌ Chicas adolescentes.
▌ Mujeres mayores.
▌ Familias y Reparto de Responsabilidades.
▌ Cáncer Ginecológico y de Mama.
▌ Violencia contra las mujeres.
▌ La Salud Laboral de las Mujeres.
▌ La Salud Mental de las Mujeres.
▌ Anorexia y Bulimia.
▌ La Salud en las Mujeres con Discapacidad.
▌ La Salud en las Mujeres Inmigrantes.
▌ Mujeres Mayores y Actividades Físicas.

Tras elegir una de ellas habría que centrarse en analizar la información que contiene referente a:

▌ Objetivos de trabajo en torno a esa temática.
▌ Características o síntomas de la enfermedad.
▌ Líneas generales de actuación.
▌ Población a la que va dirigida.
▌ Aspectos metodológicos.
▌ Criterios de evaluación y conclusiones de la guía.

3.3. Ocio

En el campo relacionado con el ocio y la mujer, el Instituto de las Mujeres centra sus atenciones en aspectos tales como el cine. En cuanto al fomento del ocio como actividad lúdica creativa, son propuestas algunas actividades relacionadas con esta faceta cineasta desarrollada, pero no explotada en la población femenina. Algunas de las actuaciones que pretenden dar un impulso al crecimiento de la mujer en el campo del ocio y concretamente del ocio aplicado al cien serían las siguientes:

- El Festival "Ellas Crean", de carácter internacional y multitemático que pone a disposición del público la labor creativa y artística de las mujeres.
- El denominado "Mujeres de cine" en el que se dan a conocer largometrajes y cortometrajes españoles realizados por mujeres.
- La sección de actividades "Afirmando los Derechos de la Mujer" que se enmarca en el Festival de Cine de Málaga como un espacio para la reivindicación del cine femenino.
- La colaboración del Instituto de las Mujeres en el Festival Internacional de Teatro Clásico de Almagro, patrocinando actividades relacionadas con la mujer.
- La celebración del premio Celia Amorós de Ensayo Feminista como forma de premiar la investigación de los estudios feministas.

El art. 21 de la Ley 15/2022, de 12 de julio, recoge los criterios y prácticas para aplicar el derecho a la igualdad de trato y no discriminación en establecimientos, o espacios y espectáculos abiertos al público.

 Actividades

3. Busque información relacionada con el Festival de Cine de Málaga y la sección enfocada a "Afirmando los derechos de la mujer". Extraiga las ideas principales de la misma.
4. Desde su punto de vista, las Guías de práctica clínica, ¿qué ventajas tendrían para los profesionales sanitarios?

3.4. Salud y deporte

En cuanto a los temas de salud y deporte, se hará una breve mención al marco normativo general que regula el deporte en nuestro país.

- Ley 39/2022, de 30 de diciembre, del Deporte.
- Real Decreto 1835/1991, de 20 de diciembre, sobre Federaciones Deportivas Españolas y Registro de Asociaciones Deportivas.
- Real Decreto 971/2007, de 13 de julio, sobre deportistas de alto nivel y alto rendimiento.
- Real Decreto 1591/1992, de 23 de diciembre, sobre Disciplina Deportiva.

También existen diversas leyes para la protección de la salud y contra el dopaje en el deporte o bien las leyes y decretos referentes a la lucha contra la violencia, el racismo, la xenofobia y la intolerancia en el deporte.

En este terreno de salud y deporte uno de los más conocidos materiales son las publicaciones del Instituto de las Mujeres en el ámbito deportivo. En este sentido son elaboradas algunas guías o manuales con la finalidad de fomentar el deporte femenino. Entre los recursos que existen, están:

- Colección "Cuadernos de educación no sexista".
- Premio Lili Álvarez, que otorga reconocimiento a los trabajos periodísticos que contribuyen a la defensa de la igualdad entre mujeres y hombres en el deporte, así como fomentar la visibilidad del deporte femenino.
- La colección denominada "Serie Estudios" que cuenta con la publicación, Actitudes y prácticas deportivas de las mujeres en España (1990-2005).
- Seminarios y Encuentros relacionados con las mujeres y la práctica del deporte, destacando las jornadas "Las mujeres en las profesiones del deporte".
- Materiales didácticos que incluyen.

  - "Hablamos de deporte".
  - "Elige tu deporte".
  - "Siempre adelante, mujeres deportistas".

- Las guías conocidas como "PAFIC", basadas en la Promoción de la Actividad Física en Chicas.

Nota

La colección Guías de Salud del Instituto de las Mujeres dedica su publicación XIX a las mujeres mayores y las actividades físicas, como contribución a un estilo de vida saludable.

Para el fomento del deporte y la promoción de la igualdad de género, el Consejo Superior de Deportes, proporciona los siguientes recursos:

- Declaración de Brighton cuyo objetivo, según se expresa en su contenido, es el desarrollo de una cultura deportiva que permita y valore la plena participación de las mujeres en todos los aspectos del deporte. El CSD adopta la declaración como guía a nivel internacional sobre el deporte y las mujeres.
- Convocatoria de ayudas a las Federaciones para el Programa Mujer y Deporte.
- Canal Youtube Mujer y Deporte que cuenta con numerosos vídeos ilustrativos.
- Materiales online publicados en distintos formatos: guías, informes, publicaciones, etc.
- Boletín Electrónico Mujer y Deporte dirigido a todas las mujeres implicadas con el deporte o la actividad física.

 Nota

El art. 24 de la Ley 15/2022, de 12 de julio, regula la implicación de las administraciones públicas en el respeto a la igualdad de trato y a la dignidad humana en el desarrollo de actividades culturales o deportivas.

Aplicación práctica

Se le pide, como alumno en prácticas del departamento de deporte del ayuntamiento, realizar un análisis de las medidas que se han realizado por el anterior equipo de Gobierno en relación a medidas de fomento de deporte en las mujeres.

El objetivo será proponer nuevas medidas que aumenten la igualdad y participación de la mujer en el deporte.

Analice las medidas tanto a nivel local como aquellas europeas que se han implantado en la zona y plantee nuevas medidas viendo el mapa de recursos existente. Analice los recursos que están publicados para tomar esta iniciativa y especifique qué recursos del Instituto de las Mujeres analizaría.

SOLUCIÓN

Para analizar las medidas del anterior equipo de Gobierno deberá estudiar los documentos existentes en cuanto a medidas desarrolladas. Para ello, analizará documentos oficiales y verá estadísticas de participación de las mujeres en las mismas para comprobar su efectividad. De este modo, determinará si es efectivo continuar con ellas o proponer otras nuevas.

Las medidas que se hayan desarrollado hasta el momento podrán ser diferentes, tales como: participación en eventos deportivos a nivel europeo o local, celebración del día de la mujer con una carrera deportiva o un día deportivo, etc.

A partir de ahí, estudiará los manuales y guías existentes en el Instituto de las Mujeres para abrir la mente a nuevas alternativas. De este modo analizará documentos, tales como:

I Colección "Cuadernos de educación no sexista".
I Premio Lili Álvarez a los trabajos periodísticos sobre el deporte femenino.
I La colección denominada "Serie Estudios".
I Jornadas "Las mujeres en las profesiones del deporte".
I Materiales didácticos tales como "Hablamos de deporte", "Elige tu deporte" y "Siempre adelante, mujeres deportistas".
I Las guías conocidas como "PAFIC", basadas en la Promoción de la Actividad Física en Chicas.

Continúa en página siguiente >>

<< Viene de página anterior

En base a lo anterior, estará más informado para aportar nuevos recursos y actuaciones en favor de la práctica del deporte a nivel femenino. Entre otros podrían ser:

I Participación en alguna carrera en la provincia.
I Creación de infraestructuras deportivas en la localidad.
I Actividades gratuitas o días del deporte para conocer nuevas actividades de forma gratuita en las que apuntarse posteriormente.
I Colaboración con otras provincias en actividades conjuntas.

3.5. Movilidad y urbanismo

Se comienza destacando algunas cuestiones normativas en el fomento de la movilidad y urbanismo a nivel europeo:

■ **Libro Blanco del Transporte.** Se trata de un documento estratégico donde la Comisión Europea plantea una serie de objetivos para el futuro sistema de transportes en la Unión Europea; entre sus objetivos destacan:

I La eliminación progresiva de los vehículos de propulsión convencional de las ciudades para 2050.

I Un cambio de un 50 % en los trayectos de media distancia en pasajeros y larga distancia en mercancías del tráfico rodado a otros modos de transporte para ese mismo año.

I Un recorte de un 60 % en las emisiones de CO_2 y una reducción comparable de la dependencia del petróleo.

■ **Libro verde. Un marco para las políticas de clima y energía en 2030.** Se trata de un documento estratégico elaborado por la Comisión Europea, donde se detallan los objetivos de la Unión Europea en torno a la reducción de gases de efecto invernadero para 2030. La UE elaboró un marco regulatorio donde buscaba: reducir las emisiones, aumentar la rentabilidad en el uso de los recursos y proporcionar una mayor seguridad de suministro para el año 2020. Este documento establece las pautas que, tras este primer plan, se deberían seguir para 2030, proponiendo mejoras y nuevos objetivos a cumplir.

- **Enfoque de la UE para aplicar la Agenda 2030 de las Naciones Unidas para el Desarrollo Sostenible junto con sus países miembros:** donde se enmarca cómo la Unión Europea va a enfocar sus políticas para el cumplimiento de la Agenda de Naciones Unidas para 2030. La Agenda 2030 de las Naciones Unidas, aprobada en 2015, constituye el nuevo marco para el desarrollo sostenible a nivel mundial y establece 17 Objetivos de Desarrollo Sostenible (ODS). Representa el compromiso de erradicar la pobreza y lograr el desarrollo sostenible de aquí a 2030 en todo el mundo, sin excluir a nadie. Dichos objetivos se basan en tres dimensiones fundamentales para un desarrollo sostenible: la dimensión económica, social y medioambiental, y plantean objetivos concretos para el cumplimento en 2030.

- **VIII Programa General de Acción de la Unión en materia de Medio Ambiente hasta 2030.** Con el presente programa de acción de la Unión Europea, esta se compromete a conseguir el objetivo que promulgaba el plan VII, "Vivir bien respetando los límites de nuestro planeta". Sus propios objetivos van encaminados a la reducción de las emisiones de gases de efecto invernadero, la adaptación al cambio climático, el objetivo cero en materia de contaminación, la protección y recuperación de la biodiversidad y la disminución de las principales presiones climáticas y medioambientales asociadas a la producción y el consumo.

 **Actividades**

5. Realice una búsqueda sobre los Objetivos de Desarrollo Sostenible, ¿cuáles son los 17 objetivos planteados?
6. Busque las diferencias con los Objetivos del Milenio planteados por Naciones Unidas, ¿han llegado a cumplirse dichos objetivos?

Además de estos aspectos normativos, se mencionan otros relacionados con aspectos urbanísticos y de movilidad. En este sentido, destaca la Estrategia de Movilidad Segura, Sostenible y Conectada 2030, también conocida como es.movilidad. La estrategia se fundamenta en 9 ejes que incluyen medidas de actuación específicas: movilidad para todos, nuevas políticas inversoras, movilidad segura, movilidad de bajas emisiones, movilidad inteligente, cadenas logísticas intermodales, conectando Europa y conectados al mundo, aspectos sociales y laborales, y evolución y transformación del Ministerio de Transportes y Movilidad Sostenible.

Complementariamente y siguiendo las políticas autonómicas y locales, se encuentran, de manera específica, otras guías y manuales que parten de premisas semejantes en las diferentes regiones.

Los hábitos actuales de movilidad en las ciudades destacan por una dependencia creciente respecto del vehículo privado. Esto supone un gran consumo de espacio y energía que debe ser regulado por el bienestar de todos, hombres y mujeres. Además conlleva unos impactos medioambientales que ponen de relieve la necesidad de lograr un sistema menos contaminante. El uso de vehículos parece estar más asociado al hombre, aunque cabe destacar su crecimiento paulatino en cuanto a su uso por la mujer en la ciudad.

Para alcanzar este objetivo, es necesario no solo una norma o unas guías, sino la conciencia de hombres y mujeres como ciudadanos responsables.

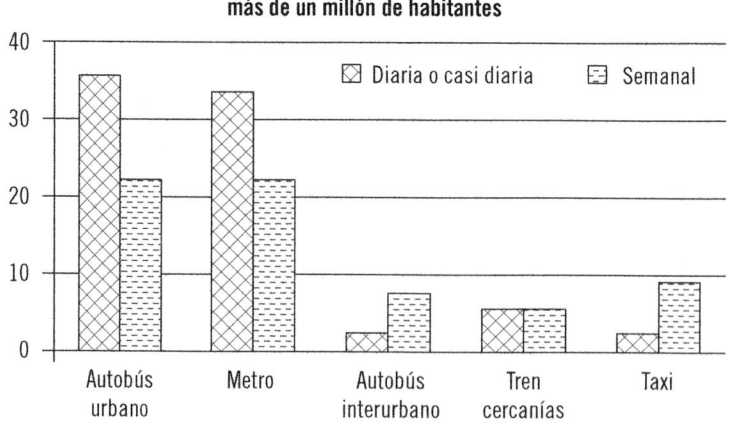

Uso de los medios de transporte de manera diaria y semanal en municipios de más de un millón de habitantes

Las características principales de los Planes de Movilidad Urbana Sostenible que se extrapolan y concretan en las diferentes comunidades o localidades son:

- Actúan a nivel local o metropolitano.
- Garantizan la accesibilidad dentro de los municipios.
- Cubren todos los modos de transporte.
- Están ligados a los planes y estrategias locales, regionales y nacionales.
- Su cometido es reducir los impactos negativos del transporte.
- Se basan en el fomento del medio ambiente.

Recuerde

La Agenda 2030 de las Naciones Unidas, aprobada en 2015, constituye el nuevo marco para el desarrollo sostenible a nivel mundial y establece 17 Objetivos de Desarrollo Sostenible (ODS).

3.6. Conciliación de la vida personal, laboral y familiar y la gestión de tiempos

La conciliación laboral y familiar es un aspecto que ha sido legislado ampliamente, ya que es uno de los más defendidos actualmente por la ley de igualdad de género. Partiendo de los principios de la Unión Europea que rigen su desarrollo destacan diversas directivas, resoluciones y recomendaciones al respecto:

- Directiva 2006/54/CE del Parlamento Europeo y del Consejo, de 5 de julio de 2006, relativa a la aplicación del principio de igualdad de oportunidades e igualdad de trato entre hombres y mujeres en asuntos de empleo y ocupación (refundición).
- En marzo de 2020 la Comisión publicó "Una Unión de la igualdad: Estrategia para la Igualdad de Género 2020-2025" para dar continuidad y seguimiento a su Estrategia para la igualdad entre mujeres y hombres 2016-2019. Los objetivos de esta estrategia son:

- Poner fin a la violencia de género.
- Combatir los estereotipos de género.
- Sobrepasar la brecha de género en el mercado de trabajo.
- Lograr la participación en pie de igualdad en los distintos sectores de la economía.
- Abordar la igualdad de género y el empoderamiento de las mujeres en todo el mundo.
- Acciones de financiación para avanzar en la igualdad de género en la UE.
- Integración de la perspectiva de género y la perspectiva entre secciones en las políticas de la UE.
- Lograr el equilibrio de género en la toma de decisiones y en la política.
- Sobrepasar la brecha de género en las responsabilidades asistenciales.
- Abordar la brecha salarial y de pensiones entre hombres y mujeres.

A nivel nacional, destacan algunas medidas, concretadas en planes y actuaciones para fomentar la conciliación de la vida laboral y familiar, así como velar por la igualdad de oportunidades de las mujeres en el ámbito laboral.

III Plan Estratégico para la Igualdad Efectiva de Mujeres y Hombres 2022-2025

Este plan estratégico incluye cuatro ejes básicos de actuación:

- Buen gobierno.
- Economía para la vida y reparto justo de la riqueza.
- Hacia la garantía de vidas libres de violencia machista para las mujeres.
- Un país con derechos efectivos para todas las mujeres.

Actividades

7. Desde su punto de vista, ¿qué posibilidad hay de que se cumpla el objetivo para el 2030 de un recorte del 60 % en las emisiones de CO_2?
8. Reflexione y extraiga las ideas principales sobre uno de los objetivos de la Estrategia para la Igualdad Efectiva de Mujeres y Hombres 2022-2025.

Plan de Acción para la Igualdad de Género y el Empoderamiento de las Mujeres en la Acción Exterior 2021-2025 (GAP III)

La Comisión Europea y el representante para Asuntos Exteriores y Política de Seguridad ponen en marcha planes para fomentar la igualdad de género y el empoderamiento de las mujeres.

Este plan de acción responde a la falta de consecución de los objetivos en materia de igualdad que tienen los países a nivel mundial para el año 2030. De ahí que el objetivo de este Plan de Acción en materia de Género III, tenga por objeto avanzar en el empoderamiento de las mujeres y salvar los logros conseguidos hasta el momento.

Este plan facilita a la UE un marco político con cinco pilares de actuación:

1. La mayoría de las nuevas actuaciones en las relaciones exteriores deben contribuir a la igualdad de género y al empoderamiento de las mujeres hasta 2025.
2. Creación de estrategias comunes y cooperación con los Estados miembros de forma multilateral, regional y nacional.
3. Aceleración de los progresos en materias, tales como, la violencia de género y el empoderamiento económico, social y política.
4. La Unión debe establecer un liderazgo desde la perspectiva de género.
5. Medición de los resultados a través de un sistema de seguimiento cuantitativo, cualitativo e inclusivo.

Instituto Europeo para la Igualdad de Género

Se crea en el año 2007 en Bruselas, siendo trasladado a Lituania donde se encuentra su sede actualmente. Su objetivo es impulsar a las instituciones europeas a fomentar la igualdad de género en todas las políticas comunitarias y nacionales en una unificación para erradicar la discriminación, haciendo especialmente mención a la igualdad laboral.

Estrategia para la igualdad de Género 2020-2025.

La promoción de la igualdad entre mujeres y hombres es una actividad básica para la UE, pues constituye un valor fundamental de la UE, un objetivo de la Unión y un motor para el crecimiento económico. Por lo tanto, la Unión Europea se fijará el objetivo de promover y velar por la igualdad entre mujeres y hombres en todas las actividades.

En su programa de trabajo, la Comisión ha reafirmado su compromiso de continuar el trabajo para promover la igualdad entre hombres y mujeres. A tal fin, sigue centrando su política en el cumplimiento de estos objetivos:

- Poner fin a la violencia de género.
- Combatir los estereotipos de género.
- Sobrepasar la brecha de género en el mercado de trabajo.
- Lograr la participación en pie de igualdad en los distintos sectores de la economía.
- Abordar la igualdad de género y el empoderamiento de las mujeres en todo el mundo.
- Acciones de financiación para avanzar en la igualdad de género en la UE.
- Integración de la perspectiva de género y la perspectiva entre secciones en las políticas de la UE.
- Lograr el equilibrio de género en la toma de decisiones y en la política.
- Sobrepasar la brecha de género en las responsabilidades asistenciales.
- Abordar la brecha salarial y de pensiones entre hombres y mujeres.

Algunas de las acciones concretas que la estrategia propone para el cumplimiento de los objetivos son:

- Velar por la adhesión de la UE al Convenio del Consejo de Europa sobre prevención y lucha contra la violencia contra las mujeres y la violencia doméstica, o adoptar medidas jurídicas para lograr sus objetivos.
- Conseguir que Internet sea seguro para todos los usuarios, luchando contra los contenidos ilícitos de las plataformas.
- Mejorar la conciencia sobre el acoso y la violencia de género mediante los datos recogidos de la UE.

- Iniciar campañas de concienciación sobre los estereotipos de género, para la juventud europea.
- Proponer normativas en materia de transparencia salarial.
- Garantizar que los Estados miembros transpongan y apliquen normas sobre la conciliación familiar y profesional.
- Fomentar un reparto equilibrado entre mujeres y hombres de los permisos por motivos familiares y del trabajo flexible.
- Invertir en servicios asistenciales y adoptar la fórmula de Garantía Infantil Europea.
- Adoptar objetivos en la UE sobre el equilibrio de género en los consejos de administración.
- Fomentar la participación de las mujeres como votantes y candidatas en las elecciones al Parlamento Europeo de 2024.
- Promover la Plataforma de la UE sobre las Cartas de la Diversidad en todos los sectores.
- Abordar la brecha digital de género en el Plan de Acción de Educación Digital actualizado.

 Recuerde

El Instituto para la Igualdad de Género tiene su sede en Lituania y su objetivo es promover en las instituciones europeas la igualdad de género.

3.7. Mejora de la calidad de vida

Desde el Ministerio de Sanidad se elabora, dentro del Plan de Calidad, una serie de guías didácticas para el fomento de la calidad de vida. Estas guías están enfocadas a aspectos médicos y de salud. Entre las numerosas guías que existen se encuentran como ejemplos las guías sobre cuidados paliativos, enfermedades de transmisión sexual, calidad de vida en personas con Alzheimer, etc.

A continuación, se explican dos manuales donde se contemplan actuaciones e instrucciones sobre calidad de vida.

Manual de instrucciones de la OMS sobre calidad de vida (WHOQOL)

En él se incluyen diferentes facetas de la calidad de vida, ofreciendo consejos, pautas y principios que intentan reconducirla. Este manual se engloba en diferentes capítulos referentes a los diversos ámbitos:

- **Ámbito físico,** dentro del cual se incluyen los siguientes aspectos:

  - **Dolor y malestar:** centrados en la capacidad de la persona para controlar el dolor y lograr el alivio del mismo, estudiando su relación con la calidad de vida.
  - **Energía y fatiga:** entendiendo la relación entre la fatiga y las relaciones sociales y la dependencia.
  - **Sueño y descanso:** como términos que afectan a la calidad de vida de una persona.

- **Ámbito psicológico,** dentro de él se hace distinción entre:

  - **Sensaciones positivas:** estas son entendidas como aquellas que se pueden experimentar en base a temas como satisfacción, felicidad, esperanza y disfrute de las cosas buenas de la vida. Una cuestión detallada serán las ideas de una persona sobre el futuro que condiciona sus sensaciones positivas.
  - **Pensamiento, aprendizaje, memoria y concentración:** se exploran estos aspectos como fundamentos psicológicos relacionados con la capacidad para adoptar decisiones.
  - **Autoestima:** incluye desde los sentimientos positivos hasta los sentimientos extraordinariamente negativos.
  - **Concepto que la persona tiene de su cuerpo y su aspecto:** se centra en la satisfacción de la persona con su aspecto o la percepción de los demás hacia el físico de otras personas y la relación directa de este con el concepto que se tiene de sí mismo.
  - **Sentimientos negativos:** tales como el abatimiento, culpa, tristeza, desesperación y falta de placer en la vida. Entiende la relación que

puede existir entre ellos y sus efectos en el funcionamiento diario de la persona.

- **Grado de independencia,** se incluyen:

  - **Movilidad:** centrada en la capacidad para desplazarse sin ayuda de otros, independientemente de los medios utilizados para ello.
  - **Actividades de la vida diaria:** exploran la capacidad de realizar actividades diarias, incluidas el cuidado de sí misma y el cuidado idóneo de su casa.
  - **Dependencia de una medicación o de tratamientos:** las medicaciones pueden afectar a la calidad de vida de forma negativa a través de los efectos secundarios, mientras que en otros casos pueden mejorarla.
  - **Capacidad de trabajo:** pueden figurar el trabajo remunerado, no remunerado, voluntario... Se trata de ver si ello afecta a la satisfacción personal o al aumento en la calidad de vida.

- **Relaciones sociales,** entendidas como:

  - **Relaciones personales:** centrándose en momentos en que las personas sienten la compañía, el amor y el apoyo de los que le rodean.
  - **Apoyo social:** en qué sentido el hecho de que la familia y los amigos compartan responsabilidades e intenten resolver los problemas personales y familiares de forma conjunta, puede afectar a la calidad en sus vidas.
  - **Actividad sexual:** para muchas personas, la actividad sexual y las relaciones de intimidad están relacionadas con la autoestima, la satisfacción y la calidad de vida. Este es uno de los factores más culturales.

- **Medio,** entendido como las actuaciones relacionadas con el medio social donde vive la persona, como:

  - **Seguridad física:** vista como la sensación personal de disponer de medios que protejan del peligro en momentos determinados.

- **Medio doméstico:** se determina la calidad del hogar en el sentido de que sea cómodo y brinde a la persona un lugar seguro como medio de confortabilidad.
- **Recursos financieros:** pretendiendo ver hasta qué punto satisfacen las ganancias económicas las necesidades de un estilo de vida saludable y confortable.
- **Salud y atención social:** interesa estudiar la relación entre disponibilidad de servicios sanitarios y sociales y seguridad personal o satisfacción personal.
- **Oportunidades para obtener nueva información y adquirir nuevas aptitudes:** visto como un modo de progresar como personas y por tanto tener una vida percibida como de más calidad.
- **Participación en actividades recreativas y de ocio:** entendiendo que no todas las personas tienen igual oportunidad de acceso y conectan la relación entre ocio y calidad de vida, demostrada en la mayoría de los humanos.
- **Medio físico:** factores como el ruido, la contaminación o el clima pueden afectar negativamente en la calidad de vida del ser humano.
- **Transporte:** vista como la disponibilidad para utilizar servicios de transporte a fin de ir de un lado para otro y ampliar tanto las redes sociales como las oportunidades laborales, de ocio, movilidad, etc.

- **Espiritualidad, religión, creencias personales.** Es un aspecto importante ver cómo las creencias de cada ser humano, hombre o mujer condicionan o afectan a la calidad de su vida. En muchos casos esas creencias ayudan a afrontar las dificultades vitales y brindan a la persona una sensación de bienestar.

 ## Recuerde

El uso de medicamentos puede afectar a la calidad de vida de forma negativa debido a que suelen tener efectos secundarios.

Actividades

9. Desde su punto de vista, ¿cómo la autoestima en sentido negativo puede afectar a la calidad de vida de las personas?
10. Busque información sobre los sentimientos negativos relacionados con una calidad de vida negativa.

I Informe Ecosocial sobre calidad de vida en España (2023)

En este informe, elaborado por la fundación FUHEM, se analizan las aportaciones y las consecuencias que el modo de vida de los ciudadanos españoles tiene en su calidad de vida. En el nuevo enfoque que desarrolla se pretende identificar los aspectos importantes que tener en cuenta en el diseño de las políticas dirigidas a conseguir una buena vida.

El informe se estructura en tres ejes claves:

■ **Caracterización del modo de vida.** Las características de la forma de vida de la sociedad se obtienen mediante el análisis de las siguientes categorías:

  ▪ Gastos: alimentación, movilidad y vivienda.
  ▪ Recursos: energéticos y materiales.
  ▪ Trabajos: remunerados y no remunerados.

■ **Principales tendencias generadas por el modo de vida.** Se agrupan principalmente en estos tres bloques:

  ▪ Insostenibilidad ecológica. Ocasionada por el cambio de tendencia social hacia lo urbano, la contaminación, las aportaciones al cambio climático, la sobreexplotación y contaminación del agua y del suelo.
  ▪ Desequilibrios territoriales. Provocados por la despoblación creciente de algunas zonas y la poca atención prestada a las zonas rurales caracterizadas por su despoblación, envejecimiento y masculinización.

▪ Amenazas sobre la cohesión social. Están motivadas por el mantenimiento de la pobreza, la precariedad y la desigualdad.

■ **Crisis ecosocial.** Se plantea la siguiente cuestión y se da respuesta a dicha crisis: ¿Qué significa hoy una vida buena en el contexto de la crisis ecosocial provocada por nuestro modo de vida?

Recuerde

Las categorías que se articulan en el Informe Ecosocial son el modo de vida, las tendencias generadas y la crisis ecosocial.

4. Identificación y utilización de los recursos disponibles en el Observatorio de la salud de las mujeres del Ministerio de Sanidad, Servicios Sociales e Igualdad

La Dirección General de la Salud Pública y Equidad en Salud del actual Ministerio de Sanidad cuenta con un organismo denominado Observatorio de Salud de las Mujeres (OSM) con el fin de impulsar la disminución de desigualdades de género.

Desde este Observatorio se establecen pautas referentes a servicios sociales e igualdad a nivel nacional. Dentro de estos servicios se incluyen: discapacidad, drogas, familia e infancia, imserso, violencia de género e igualdad de oportunidades.

Desde el Ministerio de Sanidad se elaboran y publican los denominados Planes de Calidad. Estos planes están definidos en la Ley 16/2003, de 28 de mayo, de Cohesión y Calidad del Sistema Nacional de Salud. Su principal finalidad es dar respuesta a algunos retos determinados por el Sistema Nacional de Salud, tales como aumentar la cohesión del sistema y garantizar la equidad en la atención sanitaria, apostando por la máxima calidad. Desde él se apoya el fomento de la excelencia clínica en el personal sanitario.

El primero de los planes comprendió los años 2006-2010 en el que se hizo un gran esfuerzo en la promoción de la salud, la historia clínica digital o la excelencia clínica.

4.1. Plan de calidad para el Sistema Nacional de Salud

En el Plan de Calidad se ha fomentado el trabajo grupal entre expertos de diferentes comunidades autónomas, asociaciones científicas y agrupaciones de pacientes.

Para confeccionar este Plan ha sido muy positiva la elaboración de proyectos de investigación sobre diversas temáticas relacionadas con la salud, contribuyendo al desarrollo final de un plan de verdadera excelencia.

Otra iniciativa muy positiva es la publicación de guías de buenas prácticas que han sido realizadas con la finalidad de ayudar a los profesionales en su labor, tanto científica como clínica. En su desarrollo se ha cuidado pormenorizadamente tanto la difusión como la actualización y se han dispuesto los medios técnicos y económicos suficientes para favorecer su positividad.

La mejora de los sistemas de información que ha impulsado el Plan de Calidad ha permitido al unísono poner en marcha un Sistema de Información Sanitaria normalizado y acordado con las Comunidades Autónomas.

Este Plan parte del principio de prevención de enfermedad, enlazado a una atención sanitaria de forma casi inmediata o lo más temprana posible. Junto a ello otra cuestión de relativa importancia ha sido potenciar la participación informada por parte de los pacientes en las decisiones relacionadas con su salud.

El Plan de Calidad para el Sistema Nacional de Salud define 6 áreas de trabajo y 12 estrategias que lo comprenden. Las áreas a las que se refiere son las siguientes:

- Protección, prevención y promoción de la salud:

  - Hábitos de vida y salud.
  - Protección de la salud.

- Fomento de la equidad:

    - Promover políticas de salud y mejores prácticas.
    - Proponer acciones para reducir los desequilibrios basados en desigualdades entre hombres y mujeres.

- Ayuda en el desarrollo de los recursos humanos en salud:

    - Acondicionamiento de los recursos humanos a las necesidades de los servicios sanitarios.

- Excelencia clínica:

    - Evaluar las tecnologías y procedimientos clínicos.
    - Auditar centros y servicios sanitarios para fomentar la calidad de los mismos.
    - Aumentar la seguridad de los pacientes atendidos en los centros sanitarios.
    - Fomentar la atención prestada a pacientes con patologías más características.
    - Aumentar la calidad de la práctica clínica.

- Fomento de las nuevas tecnologías de la información y la comunicación con la intención de mejorar la atención:

    - Sistemas de sanidad en línea.

- Aumento de la transparencia y claridad:

    - Fortalecer un sistema de información fiable y accesible.

De forma más detallada se pasan a describir las medidas referentes a la igualdad de oportunidades, recogidas de forma concreta en el área de trabajo número dos denominada "Fomento de la equidad".

Fomentar la equidad

Dentro del principio que intenta fomentar la equidad o igualdad de género, el Plan de Calidad propone dos estrategias, que se corresponden con la estrategia número tres y cuatro del Plan de Calidad.

Estrategia 3. La estrategia se denomina "Impulsar políticas de salud basadas en las mejores prácticas"

La presente estrategia pretende analizar las políticas de salud existentes hasta el momento en el Sistema de Sanidad y proponer actuaciones que promuevan romper con las desigualdades de género detectadas. En esta estrategia destacan principalmente los siguientes objetivos:

1. Describir y comparar los programas de salud existentes. Conjuntamente con ello será fundamental realizar un análisis y sistematizar las políticas y servicios de salud que se plantean. Para propulsar su desarrollo, el Plan propone algunos proyectos tales como:

   ▪ Difundir entre el personal sanitario y la sociedad en general, el último Informe del Sistema Nacional de Salud. Este informe se refiere a los logros y problemas detectados en el Sistema Nacional de Salud.
   ▪ Informar sobre la variabilidad territorial en temática de riesgos de salud y situación general.
   ▪ Comparar los contenidos y resultados referentes a políticas y actuaciones de los servicios de salud en España con otros países. Para ello, se contará con la colaboración del Observatorio Europeo de Sistemas y Políticas de Salud y otros organismos internacionales.

2. Impulsar políticas de salud sexual y reproductiva que mejoren la calidad de la atención sanitaria y promuevan las buenas prácticas. Este objetivo propone desarrollar de forma más plena la salud en la sexualidad y reproducción de la mujer. Para ello, propone los siguientes proyectos:

I Apoyo a la implantación de la Estrategia Nacional de Salud Sexual y Reproductiva (ENSSR) en todas las Comunidades Autónomas. Para ello, establece subvenciones en la mejora de la calidad de los servicios.

I Analizar la Encuesta Nacional de Salud Sexual y hacer públicos sus resultados.

I Fomentar la formación del personal sanitario en esta materia.

I Marcar y difundir buenas prácticas de calidad en salud sexual y reproductiva.

I Promover estudios diversos sobre la temática sexual y reproducción humana.

I Evaluar la Estrategia de atención al parto normal, y su puesta en funcionamiento en el territorio nacional.

I Participar activamente en las políticas europeas que desarrollan iniciativas al respecto.

Actividades

11. Busque información sobre una de las restantes áreas del Plan de Calidad independientemente del área de Fomento de la Equidad.
12. Busque información sobre el Observatorio Europeo de Políticas y Sistemas Sanitarios y a continuación determine en un esquema las estrategias que en él se proponen en relación a la equidad.

Sabía que...

En el año 2007 se puso en marcha una nueva estrategia de atención al parto natural como modo de fomentar la calidad en la reproducción de la mujer.

Estrategia 4. "Analizar las políticas de salud y proponer acciones para reducir las inequidades en salud con énfasis en las desigualdades de género"

En ella se proponen dos objetivos:

1. **Promover el conocimiento y el entendimiento sobre las desigualdades de género que se encuentran en la sanidad.** La finalidad última será formular un enfoque basado en la igualdad de género de una forma general, comprendiendo todas las políticas de igualdad impulsadas desde sanidad.

   Como principio para fomentar este objetivo, es de vital importancia la formación continuada del personal sanitario que desarrolla sus servicios en el Sistema Nacional de Salud.

   Se puede partir de la premisa de que las desigualdades de género en salud afectan tanto a hombres como a mujeres, aunque es cierto que perjudican más al sexo femenino, bien por razones sociales o bien debido a factores que surgen de la organización de los servicios sanitarios. La equidad de género conlleva que mujeres y hombres reciban un tratamiento igualitario y que sus diferencias se aborden de manera diferenciada, lo cual en ocasiones no se cumple fehacientemente.

   Para la consecución de este objetivo se propone una serie de proyectos que engloban:

   ▎ Diseñar y presentar al Consejo Interterritorial del Sistema Nacional de Salud (CISNS) la Estrategia de Salud y Género que se debe usar para el Sistema Nacional de Salud.
   ▎ Elaborar y hacer público el Informe sobre Salud y Género.
   ▎ Investigar y difundir buenas prácticas ya realizadas, para su conocimiento general.
   ▎ Formar al personal de los centros de salud, para capacitarlos de este modo en el desarrollo efectivo de prácticas de equidad y de género en los servicios que prestan.
   ▎ Apoyar la investigación realizada en torno a las buenas prácticas sobre la eliminación en salud de las desigualdades de género.

2. **Promover la atención de calidad a las mujeres que padecen violencia de género y acuden al Sistema Nacional de Salud.** La Ley Orgánica 1/2004, de 28 de diciembre, de Medidas de Protección Integral contra la Violencia de Género, en su artículo 16, señala que se constituirá una Comisión contra la violencia de género para apoyar técnicamente y orientar en las medidas sanitarias planteadas.

Serán las Administraciones Sanitarias, las responsables de las actuaciones que los profesionales sanitarios deban realizar para la detección precoz de la violencia de género. Estas actuaciones partirán del desarrollo de programas de sensibilización y formación continuada culminando con el diagnóstico y la atención a la violencia de género de manera directa.

 Sabía que...

La formación del personal sanitario y de recursos humanos se valora como fundamental en la mayoría las estrategias que plantea el Plan de calidad de salud en la mujer.

Para la consecución de estos principios se plantea el desarrollo de los proyectos que se describen a continuación:

- Redactar y publicar el Informe de atención a la violencia de género en el Sistema Nacional de Salud.
- Subvencionar a las Comunidades Autónomas en lo que respecta a la evaluación del protocolo común de atención sanitaria a la violencia de género y a la formación del personal sanitario.
- Formación para el personal sanitario en criterios comunes sobre atención a las mujeres que padecen violencia de género y a sus hijas e hijos.
- Apoyar la investigación sobre buenas prácticas en la atención a la violencia de género.
- Fomentar la implementación del Plan de atención y prevención de la violencia de género en la población extranjera inmigrante, junto con

el Plan estratégico nacional contra la trata y explotación de seres humanos.

 Actividades

13. ¿En qué consistiría y qué beneficios puede tener promover la atención a las mujeres que padecen violencia de género en el sistema sanitario de atención primaria?
14. Desde su punto de vista, ¿qué importancia puede tener formar al personal de los centros de salud en temas de igualdad y calidad en la salud de la mujer? Justifique su respuesta.

4.2. Informes sobre salud y género

Desde el antiguo Ministerio de Sanidad se elaboraba un informe por parte del Observatorio de Salud de las Mujeres, denominado "Informe de salud y género". El último se publicó en 2022 y trataba las implicaciones que la pandemia de COVID-19 tuvo en la salud de las mujeres.

Actualmente no existe constancia de la continuidad de este tipo de informes. Es por ello que, a continuación, se detallan algunos de los aspectos más significativos de uno de los informes que se elaboraron sobre las edades centrales de la vida.

Esperanza de vida

La esperanza de vida es definida como la media de la cantidad de años que vive una determinada persona o población. La esperanza de vida está influenciada por factores tanto intrínsecos como extrínsecos a la persona.

Al observar datos estadísticos, se puede señalar que la esperanza de vida ha ido aumentando en España durante todo el siglo XXI. Este aumento ha sido efectivo para ambos sexos, de modo tal que hombres y mujeres han incrementado su esperanza de vida.

Así, según la Organización Mundial de la Salud, en su último informe señala que la esperanza de vida mundial de las mujeres es de 74 años al nacer, y de 68,9 años para los hombres. No obstante, la morbilidad es más elevada en las mujeres, que usan los servicios de salud más que los hombres, sobre todo en cuanto a salud reproductiva se refiere.

A pesar de que la calidad de vida es superior en la mujer, hay que destacar que las cargas familiares y laborales complican o hacen más costosa esta esperanza de vida, reduciendo la calidad de la misma.

Evolución de la esperanza de vida al nacimiento. Sexo.
Fuente INE

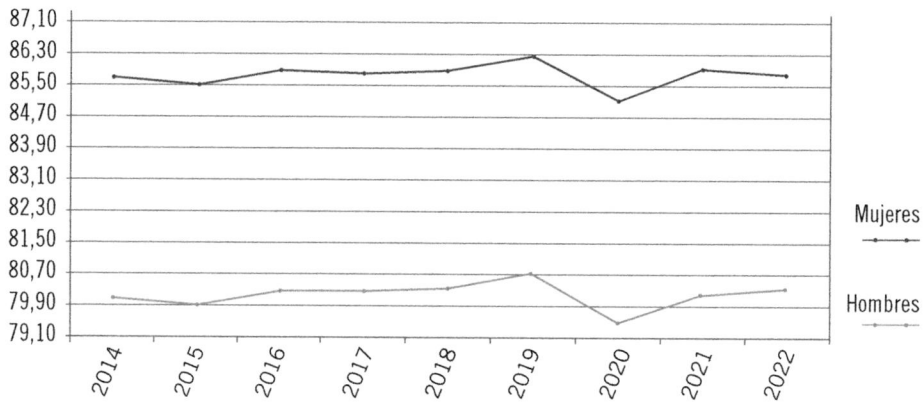

 Nota

La esperanza de vida es significativamente superior en las mujeres que en los hombres pero no está correlacionada con la calidad vivida en esos años.

Calidad de los años vividos

Como se ha señalado, la esperanza de vida es mayor en la mujer pero se debe matizar que el aumento de enfermedades crónicas y mentales, en la población general, obliga a pensar que la esperanza de vida pueda ser vivida con una calidad inferior.

Se ha desarrollado un índice que mide la duración de vida y su calidad, denominado "Esperanza de Vida Libre de Incapacidad" (EVLI). Este índice mide el promedio de años ausentes de incapacidad que quedan por vivir a una persona desde una determinada edad hasta su fallecimiento.

Este indicador aclara más las diferencias entre hombres y mujeres, permitiendo ver que el provecho de años de esperanza de vida en el sexo femenino con respecto al masculino se promueve fundamentalmente a expensas de años vividos con incapacidad.

A continuación, se presenta un gráfico sobre la esperanza de vida en relación con el sexo masculino y femenino.

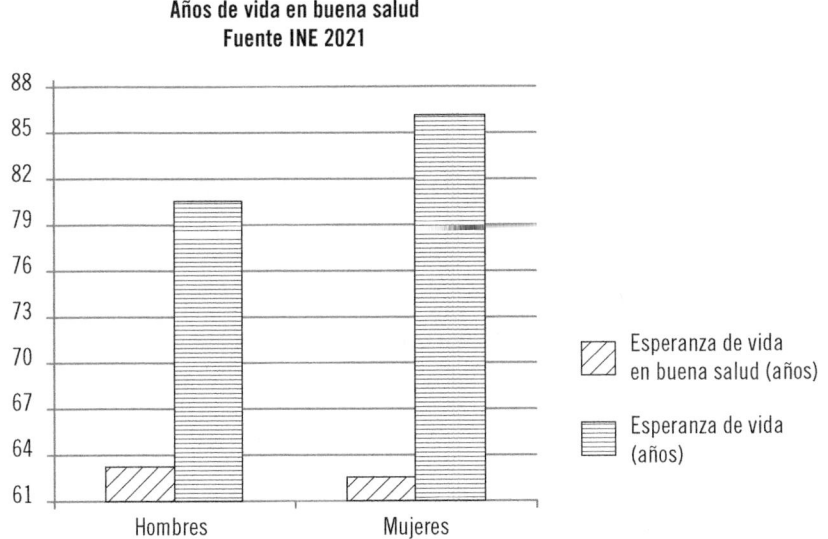

Salud percibida

La percepción subjetiva de la salud es una señal que concede información relevante de cara a estudiar la salud percibida y por tanto entendida por la mujer.

La salud percibida no es más que la percepción subjetiva de cada persona, indicando el modo en que se siente, valor que a veces supera la realidad objetiva o médica de cómo se siente.

Las mujeres maduras se sienten peor en términos generales, es decir, interpretan sus dolencias de una forma más negativa que el hombre. Esta salud percibida decrece cuando hay síntomas físicos, dolor o enfermedades crónicas. En este sentido, "se ha encontrado una relación especialmente negativa entre salud percibida y enfermedades como artrosis, depresión, bronquitis, hipertensión, enfermedades graves o de larga duración, limitaciones en la capacidad y consumo de medicamentos" (Perula, 1995).

Además, otros estudios demuestran que "un estilo de vida no saludable y preocupaciones, malestares psicológicos y somatizaciones empeoran la salud percibida" (Martín Moreno, 2001).

De los diferentes estudios sobre salud percibida se desprende igualmente que el índice es inferior en las clases sociales de menor nivel cultural, convergiendo esa variable además con mujeres.

Quejas de salud y morbilidad asociadas a dolor músculo-esquelético y malestar psíquico

Destaca en este sentido un estudio realizado en España por Mercedes Onís (1992), enfocado en estas variables. Tras el estudio se concluye que se produce un aumento de problemas crónicos asociados tanto a dolor muscular como psicológico en mujeres entre los 45 y 65 años.

Además de esto se afirma que el 46 % de las mujeres padecen, en primer lugar, dolores músculo-esqueléticos en un 25 %, seguidos de dolores de cabeza y jaquecas con un 19 % y, por último, problemas psíquicos, como insomnio en un 12 %, problemas de nervios y depresión en un 11 % y cansancio sin razón aparente en un 11 %.

 Sabía que...

En recientes declaraciones del director general de la OMS puso de manifiesto que: "En solo dos años la pandemia de covid-19 eliminó una década de progreso en la esperanza de vida".

Problemas del periodo menopáusico

Los problemas relacionados con el periodo menopaúsico son percibidos por las mujeres de mediana edad como un factor que empeora considerablemente su calidad de vida.

No existe un diagnóstico o enfermedad concreta relacionada con el periodo menopaúsico, sino que más bien es asociado a una dolencia o síntomas generales. En ella se recogen síntomas y quejas verbalizadas, entre las que se incluye un conjunto de malestares definidos por las mujeres en la edad madura.

Valls y Pérez (2005) hacen un estudio comparativo con datos de 1994 a 2002 en mujeres y hombres en el periodo de años que comprende la menopausia. En el estudio encuentran que la salud percibida a lo largo de estos años ha mejorado en ambos sexos, pero que por el contrario han empeorado el dolor y el malestar, la percepción de salud mental y el padecimiento depresivo.

Morbilidad hospitalaria

Según datos del Instituto Nacional de Estadística a través de la Encuesta de Morbilidad Hospitalaria (2022), en la población de 45 a 65 años, han sido los hombres los que más atención hospitalaria han recibido. Esto parece estar relacionado con el tipo de patologías que padecen los hombres, que hacen necesaria una hospitalización inmediata.

Este hecho podría estar igualmente relacionado con que los hombres acuden o son derivados con mayor frecuencia al hospital. Entre otras cuestiones esto es debido a que no visitan los servicios sanitarios hasta que la enfermedad está avanzada. Por el contrario, las mujeres acuden de forma más temprana, tras cualquier síntoma y se sirven más de los servicios de atención primaria.

Respecto a las causas de ingreso, las tasas más altas para ambos sexos están relacionadas con las enfermedades del sistema circulatorio y aparato digestivo. Con referencia a la mediana edad, hay que afirmar que entre los hombres de 55 y más años, serán las enfermedades del sistema circulatorio las que más los asedian, seguidas de las enfermedades del sistema digestivo y de los tumores benignos y malignos.

En el caso de las mujeres de estas edades, las enfermedades más frecuentes se deben a tumores y problemas del aparato génito-urinario. Mientras que después de los 55, las enfermedades del sistema osteo-mioarticular serán las más frecuentes.

 ## Aplicación práctica

Imagine que tiene que realizar un estudio en un centro de salud sobre la calidad de vida en hombres y mujeres y su relación con la morbilidad hospitalaria.

Establezca qué variables va a estudiar y las edades en las que va a basar su estudio.

SOLUCIÓN

Las variables serían las siguientes:

I Sistema circulatorio.
I Aparato digestivo.

Continúa en página siguiente >>

<< Viene de página anterior

▌ Sistema articulatorio.
▌ Sistema genital.

Y las edades del estudio serían entre 45 y 65 años, al ser las etapas en las que estas dolencias están más patentes.

Mortalidad prematura. Cáncer de mama y enfermedades cardiovasculares

Las tasas de mortalidad prematura entre los 45 y los 64 años son significativamente más altas entre los hombres. Tanto en el sexo masculino como femenino, la mortalidad prematura durante estas edades es causada por los tumores.

En el caso de las mujeres, los tumores representan la segunda causa de muerte, siendo de los 40 a los 54 años el tumor de mama la primera causa de muerte evitable.

Las causas parecen relacionarse con nuevos hábitos alimenticios, como la ingesta de grasas saturadas, nuevas pautas de reproducción, disminución del número de hijos o reducción de las lactancias.

El cáncer de bronquios y pulmón se convierte en el primero en importancia en los hombres, el cual ha continuado su tendencia creciente. Es seguido de la Enfermedad Pulmonar Obstructiva Crónica (EPOC) junto con las lesiones por accidentes de tráfico.

 Actividades

15. Desde su punto de vista, ¿a qué se puede asociar la mayor afectación de cáncer de pulmón en el sexo masculino?
16. Busque alguna estadística de alguna localidad o centro sanitario que corrobore la afirmación de que las mujeres acuden de manera más temprana y constante que los hombres a la sanidad primaria.

Salud y enfermedades cardiovasculares

Partiendo de los datos aportados por la Agencia de Investigación de la Sociedad Española de Cardiología, en los últimos años se han comprobado importantes diferencias según el género en cuanto a enfermedades cardiovasculares.

En el campo del síndrome coronario agudo y de la insuficiencia cardiaca, se puede afirmar que las mujeres se ven desfavorecidas en cuanto a medidas preventivas, recibiendo los hombres más recursos de prevención en cuanto al síndrome coronario y la insuficiencia cardíaca.

Además de ello parecen influir una mayor prevalencia en la mujer de enfermedades conjuntas como diabetes, hipertensión arterial u obesidad.

Porcentaje de enfermedades en España

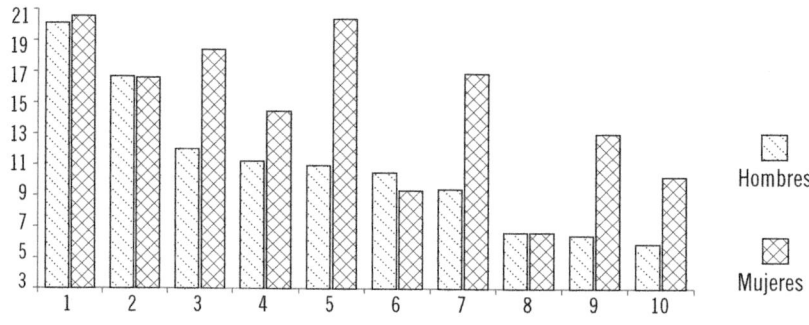

1. Tensión alta
2. Colesterol alto
3. Dolor de espalda crónico (lumbar)
4. Alergia crónica, como rinitis, conjuntivitis o dermatitis alérgica, alergia alimentaria o de otro tipo
5. Artrosis (excluyendo artritis)
6. Diabetes
7. Dolor de espalda crónico (cervical)
8. Otras enfermedades del corazón
9. Varices en las piernas
10. Ansiedad crónica

 Nota

Los hospitales reciben más derivaciones médicas por parte de los hombres, ya que suelen acudir poco a los centros sanitarios, por tanto cuando solicitan atención médica la enfermedad está más avanzada.

Salud mental

La salud mental es uno de los aspectos en los que se han encontrado más diferencias por sexos y clase social.

La Organización Mundial de la Salud (OMS) alerta que, si continúan las tendencias actuales, los trastornos mentales se pueden convertir en el padecimiento con mayor morbilidad en el mundo desarrollado.

Las diferencias en esta variable relacionada con la salud mental son muy marcadas por sexos, especialmente en algunos de los trastornos mentales de mayor relevancia. Se estima que la probabilidad de presentar un trastorno mental es mayor en cualquier grupo de edad asociado al sexo femenino, prevaleciendo en las clases más bajas.

Según datos de la Organización Mundial de la Salud, las estadísticas determinan que las enfermedades mentales que están asociadas a cuadros depresivos y ansiedad ocurren en un porcentaje doble en mujeres que en hombres. Además de ello, concluyen que la evolución entre las mujeres que padecen estas alteraciones es peor que en los hombres, siendo mayor la tendencia a la cronicidad en ellos.

En el caso de los trastornos adictivos y de personalidad son, por el contrario, de mayor prevalencia en hombres que en mujeres.

Consumo de fármacos y psicofármacos

En cuanto al consumo de fármacos y según datos de la Organización Mundial de la Salud, las mujeres superan a los hombres en cuanto al consumo de psicofármacos tanto con prescripción médica como con automedicación, así mismo el consumo de medicamentos antibióticos se ha disparado a nivel mundial. Hechos que la OMS consideran como muy preocupantes para la salud mundial.

Este dato coincide totalmente con el peor estado de salud percibida por las mujeres. En este sentido, las mujeres parece que para afrontar ciertos malestares asociados a las edades centrales de la vida usan los psicofármacos, mientras que los hombres recurren a la bebida o bien fuman.

Análisis y actuaciones en diferentes contextos de intervención (salud y sexualidad, educación, ocio, deporte, conciliación de la vida personal, familiar y laboral, movilidad y urbanismo y gestión de tiempos)

 Nota

Los trastornos mentales están en proceso de convertirse en el mayor padecimiento que lleve a la muerte en los países desarrollados.

 Aplicación práctica

Imagine que es personal sanitario y debe analizar en su centro de salud la relación existente entre la toma de psicofármacos, el sexo y las enfermedades psicológicas. ¿En qué datos se basaría y qué personas elegiría para su estudio?

SOLUCIÓN

Tendría en cuenta los siguientes datos:

- Sexos y prevalencia de enfermedades psicológicas.
- Cuáles son las enfermedades mentales más destacadas.
- Años de evolución de estas enfermedades en la persona.
- Consumo de psicofármacos.
- Años continuados consumiendo o con periodos de descanso.
- Prescripción médica o comienzo de la toma de la medicación.
- Reducción de la sintomatología tras el consumo de fármacos.

Población que elegiría:

- Hombres y mujeres de su centro de salud que de manera voluntaria quieran participar.
- Edades comprendidas entre los 35 y los 70 años para hacer un estudio amplio basado en la mediana edad, momento de comienzo de patologías, ancianidad y consumo de psicofármacos.

5. Caracterización del movimiento asociativo relacionado con la salud y sexualidad, la educación, el ocio, el deporte, la movilidad y el urbanismo, la conciliación de la vida personal, laboral y familiar y la gestión de tiempos con perspectiva de género en el entorno de intervención

El movimiento asociativo es uno de los aspectos fundamentales en la identificación y gestión de recursos para alcanzar la igualdad de género.

Las diversas asociaciones que se crean en torno a la promoción de la igualdad parten de un marco normativo que las regula. Algunas luchan por el fomento de la salud en la mujer, la sexualidad, el ocio y el deporte o la conciliación de la vida personal, familiar y laboral.

5.1. Fomento del asociacionismo desde el Instituto de las Mujeres

Desde el Instituto se establece el fomento del asociacionismo de las mujeres como un principio básico y fundamental de aumentar este tipo de asociaciones en todo el territorio nacional.

El fomento de dicho movimiento asociativo se realiza principalmente mediante subvenciones de programas, a través de la colaboración con las Comunidades Autónomas y las entidades locales.

El principal apoyo por parte del Instituto de las Mujeres se ha desarrollado a través de distintos medios materiales y económicos con el fin de constituir asociaciones fuertes y duraderas. Conjuntamente, ha contribuido mediante otras actuaciones entre las que destacan impartir cursos para orientar a las asociaciones, la elaboración de una gran base de datos con información puesta a disposición de las diferentes asociaciones y encargarse de dar difusión a centros de interés que actúen en el ámbito de la igualdad de oportunidades.

Entre los instrumentos de apoyo a través de los cuales el Instituto canaliza sus aportaciones y colaboración están los que se describen a continuación.

Convocatoria anual de subvenciones

El Instituto convoca anualmente subvenciones destinadas a asociaciones y ONG que apoyen la lucha contra la desigualdad de género. Estas ayudas se destinan a asociaciones que carezcan de fines de ánimo de lucro y que además estén legalmente constituidas y que tengan un ámbito de actuación general.

Seguimiento de programas

Con esta medida el Instituto pretende llevar un seguimiento de los programas subvencionados. Ello implicará desde proporcionar información a todos los que la requieran, referente a las subvenciones, junto con sus requisitos. Además de ello, incluso en los últimos tiempos se han realizado diferentes actuaciones para facilitar los trámites y la gestión por parte de personal especializado perteneciente al mismo Instituto.

Otras subvenciones

Igualmente se plantean otras subvenciones que se otorgan a proyectos cuyas finalidades sean fomentar:

- La inserción social de mujeres en situación o en riesgo de exclusión social.
- La incorporación de las mujeres al mercado laboral.
- La prevención de la violencia de género.
- El fomento del empleo y el autoempleo de las mujeres.
- El desarrollo de programas dirigidos a mujeres del ámbito rural y marítimo-pesquero.

 Recuerde

Una de las actuaciones prioritarias para fomentar la colaboración entre asociaciones de mujeres es realizar reuniones o congresos en los que puedan participar mujeres pertenecientes a diversas asociaciones.

Cesión de locales

El Instituto concede locales de manera gratuita a entidades o asociaciones de mujeres que quieran disponer de ellos para desarrollar su trabajo empresarial.

Independientemente, disponen de salones de actos y salas de reunión que pueden usar libremente todas las organizaciones que trabajan a favor de la igualdad de género.

Asesoramiento técnico

El Instituto realiza a lo largo de todo el año actividades de asesoramiento, mediante entrevistas individuales, cursos, jornadas o apoyo técnico, a ONG relacionadas con el movimiento asociativo o con los recursos específicos disponibles para las mujeres.

5.2. Características del asociacionismo

Es importante enfatizar el papel que por sí mismo tienen las asociaciones en la lucha por la igualdad, contribuyendo al proceso de empoderamiento, que es entendido como la herramienta de sensibilización y fortalecimiento de las capacidades de la mujer.

La finalidad que pretende este movimiento asociativo se centra en desarrollar actuaciones de igualdad de género enfocadas a diferentes ámbitos tales como salud, sexualidad, educación, ocio, deporte, conciliación, etc. A pesar de ello, las asociaciones suelen centrarse en temas de intereses más comunes y no tan amplios.

Hay que subrayar que la realidad asociativa de las mujeres se enmarca mayoritariamente en asociaciones de presencia mixta, es decir, de hombres y mujeres.

De los numerosos estudios sobre el asociacionismo se desprende un hecho aceptado por numerosos investigadores y es que en muchas de las asociaciones se hace difícil la inclusión de objetivos acerca de la igualdad de oportunidades. A estas asociaciones en las que realmente no existe de base una ideología centrada en la igualdad de género, se las denomina asociaciones "sin conciencia de género" o "sin objetivos sobre la igualdad".

Un paso adelante por parte de las asociaciones puede ser el asegurar canales de comunicación y consulta a las que puedan dirigirse mujeres individuales, otras asociaciones y la misma Administración.

 Importante

El Instituto de las Mujeres concede subvenciones destinadas al desarrollo de programas enfocados a la participación rural de las mujeres y al ámbito marítimo.

Un estudio realizado por Murillo en 2003 indica algunos de los aspectos más característicos del asociacionismo:

- Numerosas socias son fundamentalmente usuarias de las actividades de su asociación, sin participar en políticas generales de asociacionismo.
- Se denota, en general, una dificultad para dar democráticamente liderazgo a otras mujeres socias y compañeras. Este aspecto enlentece el crecimiento y la cooperación entre mujeres y entre asociaciones.
- La dedicación temporal que conlleva una buena organización hace difícil el desarrollo efectivo de estas asociaciones de mujeres.
- Estas asociaciones facilitan el empoderamiento, sin embargo tienen un techo si no se abre a los espacios mixtos y públicos.
- Se observa la necesidad de publicitar las asociaciones como medio para divulgar sus actuaciones.
- En ocasiones, y desde los poderes públicos, estas asociaciones de mujeres son consideradas como espacios semidomésticos, con ausencia de representación de aspiraciones sociales.

- Las habilidades de coordinación, autoafirmación y negociación son escasas.
- La gestión de subvenciones es percibida como algo complicado de lo que no están suficientemente informadas.

 Actividades

17. Reflexione sobre el hecho de que algunas asociaciones de mujeres sean de carácter doméstico. ¿Qué relevancia cree que puede tener este hecho en el fomento de la igualdad de género?
18. Busque información sobre el modo en que las asociaciones pueden publicitarse y los medios o recursos con que cuentan para ello.

5.3. Tipologías de asociaciones

El asociacionismo femenino lleva desarrollándose dese hace unos treinta años. En la actualidad, se han desarrollado diversos tipos de asociaciones con pequeñas diferencias entre ellas pero que merece la pena destacar.

Los movimientos asociativos se encuadran en la mayoría de ocasiones por temáticas. Así, el ámbito de la salud es aquel en que quizá exista mayor número de asociaciones enmarcadas en su mayoría por enfermedades. Son conocidas las asociaciones contra el cáncer, asociaciones de discapacidad, asociaciones de enfermedades renales, de enfermedades cardíacas, de enfermedades digestivas, etc. En torno a las asociaciones enfocadas a la sexualidad, destacan las asociaciones contra la violencia de género o asociaciones que fijan sus miras en la sexualidad y la discapacidad.

Enfocando el estudio hacia el ocio y el deporte también se encuentran múltiples asociaciones relacionadas con los diversos tipos de deportes tanto en hombres como en mujeres, diferenciadas en gran parte según el sexo. En el campo del ocio, algunas de estas asociaciones son de mujeres y otras de personas mayores que dedican su tiempo libre a participar en aquellas actividades que antes no podían desarrollar debido a sus obligaciones laborales.

En cuanto a las asociaciones enfocadas a la vida personal, familiar y laboral suelen estar relacionadas con las actividades domésticas o sectoriales. En ellas no se apuesta aun por la conciliación, ya que es un camino pendiente. Entre ellas destacan:

- **Asociaciones de economía doméstica:** sus finalidades giran en torno a sus actividades que se enmarcan en el campo del desarrollo doméstico. Un ejemplo serían las asociaciones de amas de casa cuya actuación se centra fundamentalmente en hacer talleres de ocio, artesanía, tiempo libre, etc.
- **Asociaciones de economía doméstica con conciencia de género:** son semejantes a las anteriores pero se les suma una clara conciencia de género que emana de sus principios asociacionistas.
- **Asociaciones con fines sectoriales:** son asociaciones específicas que realizan o se centran en una única temática (salud sexual, lactancia, asociaciones de viudas, madres contra la droga, etc.).

Hay otras que se enfocan a potenciar el ámbito laboral de las mujeres, como son las asociaciones de ámbito productivo cuya finalidad es hacer visible a la mujer en determinados ámbitos productivos. Sería el caso de las asociaciones de empresarias, abogadas y demás profesionales.

 Sabía que...

Las asociaciones de economía doméstica están formadas por mujeres que comparten su tiempo dedicándolo al ocio o las manualidades.

En el siguiente gráfico se reflejan las tipologías de asociaciones diferenciando la participación en ellas por hombres y mujeres.

Diferentes tipos de asociaciones

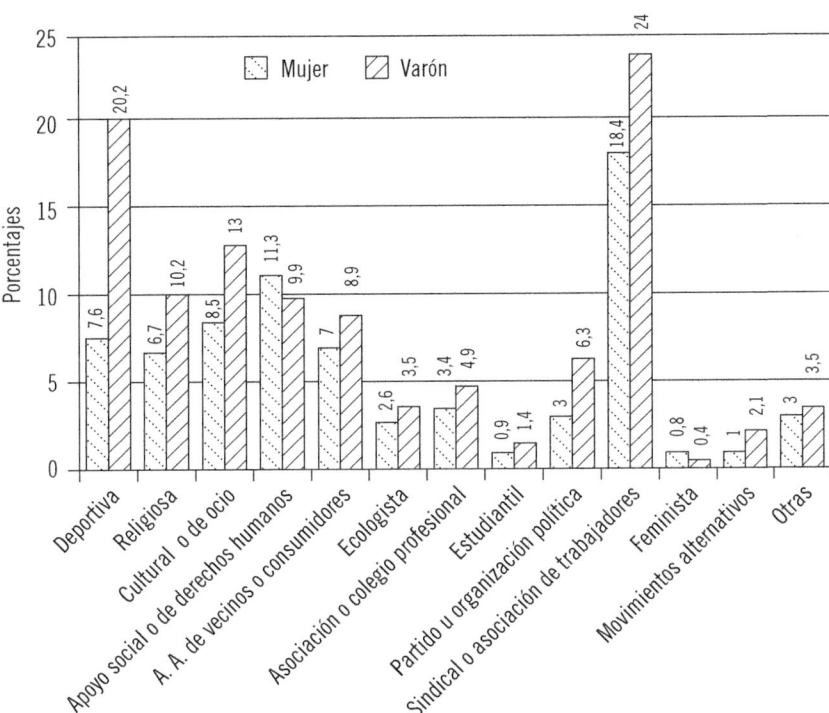

5.4. Asociacionismo urbano y rural

En cuanto a los contextos rurales, la participación de las mujeres se topa con algunas dificultades asociadas al estilo de vida rural y el menor acceso y uso de recursos en las pequeñas localidades, tanto para la constitución de las asociaciones como para el seguimiento de las mismas. En algunas ocasiones, esto puede ser debido a los falsos estereotipos sobre los ámbitos rurales y las características de su población femenina.

Se puede afirmar que las mujeres rurales participan mayoritariamente en asociaciones incluidas en dos tipologías, las de "economía doméstica" (70 %) que enmarcan sus actividades en el campo del desarrollo doméstico y en un porcentaje inferior las de "ámbito comunitario" (35 %).

En cambio las asociaciones que se desarrollan en el ámbito urbano se distribuyen de forma más homogénea entre los distintos tipos de asociaciones existentes, tanto de ámbito productivo, doméstico, comunitario, de conciencia feminista, etc.

Según Murillo (2003) pueden señalarse algunas diferencias entre las asociaciones de mujeres pertenecientes a entornos rurales o urbanos.

Asociaciones de mujeres urbanas

Estas asociaciones se caracterizan por algunas connotaciones entre las que destacan:

- Situación profesional en activo.
- Más mujeres jóvenes.
- Más implicadas y comprometidas en la esfera pública.
- Mejor dotadas y con mayores conocimientos en tecnologías de la información.
- Suelen ser más laicas.
- Mayor número de socias en cada asociación.
- Pertenecen más a la tipología de asociaciones de "bienestar social y género".

Asociaciones de mujeres rurales

Estas son algunas de las características que hacen diferentes a las asociaciones rurales de las descritas anteriormente, pertenecientes al ámbito urbano.

- Se declaran amas de casa.
- Sueles ser de edades superiores.
- Presentan, en general, una baja implicación en la esfera pública.
- Peor dotadas en TIC.
- Centradas en actividades socioculturales y de ocio.
- Son mujeres mayoritariamente religiosas.
- Asociaciones con un número más pequeño de socias.
- Suelen tener tipología de "economía doméstica".

5.5. Perspectiva de género en el entorno de intervención en las diferentes asociaciones

Existen numerosos movimientos asociativos que se desarrollan tanto a nivel europeo como nacional. En todos ellos, se fomentan aspectos diversos relacionados con la salud, la educación, el ocio, etc.

Algunas de estas asociaciones se centran en la defensa y la intervención en temas relacionados más con unos aspectos que con otros, debido quizá a las necesidades del colectivo que defienden. En otras, por el contrario, se promueven actuaciones relacionadas con los distintos ámbitos (salud, sexualidad, ocio, conciliación, etc.).

Estas asociaciones ofrecen una serie de servicios y recursos en cuanto a la intervención con mujeres en favor de la igualdad. Para ello, parten de un proceso de análisis enfocado a las necesidades del colectivo a que dedican su trabajo. Este proceso de análisis se realiza de forma previa a la constitución de la asociación, permitiéndoles encontrar las necesidades básicas del colectivo. En base a estas necesidades se establecerán sus estatutos y principios de actuación.

Se describen a continuación algunas de las asociaciones más conocidas que luchan diariamente por la igualdad de género en temáticas diferentes.

Confederación Estatal de Personas Sordas (CNSE)

Más de la mitad de la población sorda en España son mujeres. Para responder a sus demandas y a las necesidades específicas de esta población, la Confederación Estatal de Personas Sordas (CNSE) creó en 1994 la Comisión de la Mujer enfocada a las deficiencias auditivas.

Esta Confederación puede entenderse como un movimiento asociativo a gran escala que asesora a las entidades de su red asociativa en la realización de sus planes de igualdad. Otras acciones que lleva a cabo la confederación son:

- Reuniones del Consejo de Participación de Mujeres Sordas.
- Formación de los profesionales de la red asociativa sobe igualdad de género, perspectiva de género y transversalidad.

- Asesoramiento sobre la violencia de género según el Pacto de Estado.
- Elaboración de comunicaciones y noticias sobre la protección y defensa de los derechos de las mujeres sordas.
- La puesta en marcha de la II Formación "Mujeres Sordas, líderes en sus derechos".

 Recuerde

Las asociaciones de mujeres urbanas están formadas por mujeres jóvenes con una finalidad laica en comparación con las asociaciones rurales que suelen estar constituidas por mujeres de media edad y con ideologías más religiosas.

La CNSE elabora tanto planes contra la violencia de género como planes de igualdad de género dentro del movimiento asociativo. Para ello se centra en la defensa de la sexualidad de la mujer y en el fomento de su salud.

Desde ella, se han publicado diversas guías, estudios y protocolos que tratan de forma específica y práctica el tema de la igualdad de género:

- Guía sobre violencia de género.
- Guía violencia y malos tratos.
- Protocolo para profesionales de atención a víctimas.
- Guía para profesionales ante la violencia y los malos tratos a mujeres sordas.
- Guía de coeducación para personas sordas.
- Estudio sobre la situación de las mujeres sordas ante la violencia de género.

Con estos propósitos la CNSE persigue la posibilidad de la incorporación de la mujer sorda en el mundo laboral, apostando de manera secundaria por la conciliación entre la vida laboral y familiar.

La CNSE participa, a su vez activamente, en la Comisión de Igualdad del Comité Español de Representantes de Personas con Discapacidad (CERMI) y mantiene contactos con otras organizaciones de mujeres y organismos en favor de la defensa en el ámbito de la igualdad de género.

Confederación Española de Personas con Discapacidad Física y Orgánica (COCEMFE)

La Confederación Española de Personas con Discapacidad Física y Orgánica (COCEMFE) trabaja en favor del enfoque de género asociado a la discapacidad. Este movimiento asociativo ha desarrollado múltiples proyectos de formación y empleo, dirigidos en un 60 % específicamente a mujeres y niñas. Incluye como entidad miembro, la Confederación Estatal de Mujeres con Discapacidad (CEMUDIS).

Entre los programas que COCEMFE desarrolla está el "Programa de empoderamiento y activación para el empleo de mujeres con discapacidad", en el que colabora la Obra Social "la Caixa" mediante el programa Incorpora. Con este se quiere dar un impulso a la integración sociolaboral de las mujeres con discapacidad.

Confederación Salud Mental España

La Confederación Salud Mental España es una asociación que surgió en 1983. Su objetivo es mejorar la calidad de vida de las personas con enfermedad mental y apoyar a sus familias en la lucha diaria. Como objetivos derivados del anterior, está el asegurar el derecho de una atención de calidad e individualizada, así como la promoción de la salud mental en la población en términos generales.

Desde ella se procura favorecer la imagen social del colectivo y fomentar su presencia positiva en los medios de comunicación. También pone en funcionamiento diferentes acciones de lucha contra el estigma y desarrolla campañas de sensibilización para concienciar sobre la importancia de la salud mental en la sociedad.

Igualmente, Salud Mental establece una serie de servicios gratuitos de carácter informativo, que pretende poner en conocimiento de toda la población los síntomas de las enfermedades mentales, el modo de afrontar su desarrollo, criterios para el fomento de la salud, alternativas de ocio y mecanismos de conjunción de la enfermedad y el trabajo.

Del mismo modo, mencionar que ofrecen un servicio de información y asesoramiento legal en cualquiera de los temas que afectan a las personas con trastorno mental y sus familias.

Mención especial merece la dedicación que la confederación hace a la mujer con problemas mentales. Son evidentes las situaciones de doble discriminación que sufren las mujeres que presentan un trastorno mental, al conjugar la situación femenina con la alteración psíquica.

De forma complementaria y debido a las carencias en los recursos en salud mental, el cuidado de estos enfermos lo realizan en una mayoría casi absoluta las mujeres, se calcula en torno al 90 %.

 Nota

La confederación Salud Mental Español apuesta por la igualdad de género y el bienestar, no solo de las personas con enfermedades mentales sino también de sus cuidadoras.

Desde esta confederación se entiende que las políticas actuales no se olvidan del principio de igualdad de oportunidades y tratan de impulsar acciones con el objetivo de eliminar la discriminación por razón de género a la hora de acceder a un empleo y en la conciliación de la vida familiar y laboral. El esfuerzo en este terreno es doble, al tener una población tan específica en la que la continuidad en el mercado laboral se hace difícil, en ocasiones, y más aún si ha de apostar por la conciliación.

Plena Inclusión España

Es una confederación que agrupa a las distintas organizaciones que se encuentran situadas en las comunidades autónomas. Por lo general, cuentan con áreas específicas relacionadas con la mujer, con las que se pretenden conseguir los siguientes hitos:

1. Impulsar acciones para poder disfrutar de una vida familiar plena y en igualdad de condiciones.
2. Promover la participación de las mujeres con discapacidad intelectual en el movimiento asociativo.
3. Mejorar el acceso a la sanidad de las mujeres con discapacidad intelectual.
4. Actuar para facilitar el acceso a la educación y al empleo de manera igualitaria en estas mujeres.
5. Apostar por el respeto a los derechos de las mujeres con discapacidad intelectual.
6. Sensibilizar a la población general contra la violencia de género en la discapacidad intelectual.

 Actividades

19. Desde su punto de vista, ¿cómo se podría sensibilizar a la población a favor de las mujeres con discapacidad intelectual?
20. Reflexione sobre las cuestiones que sería importante analizar para fomentar la integración laboral de personas con enfermedades mentales.

Federación Española de Daño Cerebral (FEDACE)

Esta entidad o asociación se basa en la importancia de cuidar a las personas que a su vez son cuidadoras de otros enfermos, las cuales, en su gran mayoría, son mujeres. Estas personas son más susceptibles de desarrollar el conocido "Síndrome del Cuidador" caracterizado por situaciones de estrés, depresión, agotamiento físico y mental, problemas laborales, etc.

Por tanto, desde esta asociación se promueve la atención específica tanto a personas que padecen daño cerebral como a mujeres que se dedican al cuidado diario de estas enfermas. Desde ella, se apuesta por una salud psíquica, sobre todo, el fomento de momentos de ocio y la conciliación de la vida familiar junto con la situación laboral, con la característica de que en muchos casos coinciden.

Organización Nacional de Ciegos Españoles (ONCE)

En la Organización Nacional de Ciegos Españoles ha sido siempre un objetivo de primer orden, el trato igualitario a las mujeres que pertenecen a dicha asociación. Su objetivo de actuación principal gira en torno a la conciliación de la vida laboral y personal de mujeres con problemas visuales. De este modo, son muchas las iniciativas y subvenciones que la ONCE recibe para integrar a la mujer en el mercado laboral.

De hecho, la ONCE creo en 2009 el Observatorio de Igualdad de Oportunidades para promover la igualdad de trato entre hombres y mujeres ciegas o con discapacidad visual y con la intención de estudiar la importancia de la igualdad de género, desarrollar material, lugares de difusión de experiencias y divulgación de recursos editados.

De igual modo cuenta con numerosos procedimientos que potencian la movilidad de estas personas deficientes. Se apuesta por el fomento del deporte paraolímpico, que desarrollen tanto hombres como mujeres con discapacidad visual.

Impulsa Igualdad

Desde esta confederación, con la participación de la Secretaría de la mujer, se incluye la perspectiva de género de manera transversal. Según afirma esta asociación, las mujeres con discapacidad son discriminadas en el ámbito familiar y en el educativo, en los que no consiguen una integración total especialmente si la discapacidad se produce de forma temprana.

Del mismo modo, las posibilidades de acceso al empleo se ven restringidas a pesar de los intentos gubernamentales por ofrecer ayudas económicas a las empresas que las contraten.

En cuanto al ámbito sanitario, es destacable el hecho de que el sistema de salud tampoco responde a sus necesidades y la protección social que necesitan.

DOWN España

La perspectiva de género en esta asociación, mundialmente conocida, es una dimensión de reciente incorporación a las líneas de actuación de la Federación. La asociación ha detectado que las desigualdades se hacen más evidentes en las mujeres adultas, más que en las jóvenes, en las que la integración y aceptación es más efectiva. Este aspecto es más obvio en el ámbito laboral.

Así mismo, se aprecian mecanismos de mayor sobreprotección de las familias en las mujeres adultas y los tiempos de ocio se alternan con labores de apoyo doméstico o familiar.

En cuanto a la salud y la reproducción sexual de estas mujeres, las limitaciones son mayores, causando desde las familias considerables obstáculos hacia la salud sexual y reproductiva de las mujeres. Por ello, los últimos programas se centran en la promoción de la vida adulta autónoma, el cambio de roles y las nuevas pautas de vida en las mujeres con Síndrome de Down.

 Aplicación práctica

Imagine que forma parte de Down España y entra un nuevo miembro a formar parte de la asociación. Su interés se centra en aprender las cuestiones que se fomentan con la finalidad de ser miembro directivo en otra asociación Down que está pendiente de abrirse en otra provincia.

Explique los criterios y aspectos que se trabajan en la asociación en relación con la igualdad de género. Necesitará conocer los medios para ponerlo en conocimiento de la sociedad.

SOLUCIÓN

La explicación de las temáticas y criterios que se trabajan en la presente asociación Down y que por tanto explicará al nuevo socio serán:

1. Importancia de estudiar el caso de las desigualdades enfocado más bien a la población adulta de mujeres.

Continúa en página siguiente >>

<< Viene de página anterior

2. Datos y cifras de desajuste laboral en mujeres que padecen Síndrome de Down.
3. Características de la sobreprotección en estas chicas y la influencia que ello tiene en la menor independencia.
4. Salud sexual reproductiva.
5. Factores estudiados con el objetivo de promover el cambio de roles y la vida adulta autónoma.
6. Posible relación entre asociaciones Down en zonas urbanas y rurales. O características de la ausencia de estas asociaciones en pequeñas localidades.

Una vez realizado el proyecto es fundamental que se dé publicidad para que la gente de la provincia lo conozca. Para ello, podrán usarse soportes en papel o digitales que permitan su difusión. En cuanto al soporte en papel, permitirá mediante carteles, dípticos y demás recursos dar a conocer la asociación en otras entidades, por ejemplo que cuenten con padres o niños interesados. Del mismo modo, la información debería hacerse pública a través de la página web de la asociación o los foros de internet.

Esta información deberá contener datos relativos a los servicios que presta, recursos disponibles o actuaciones que se realizan para la sensibilización e intervención con este colectivo.

---

6. Procedimientos para el desarrollo de actuaciones de difusión y sensibilización sobre diferentes aspectos

Desde los diferentes organismos oficiales que trabajan a favor de la perspectiva de género y la promoción de la igualdad, se entiende necesario y fundamental el desarrollo de actuaciones de difusión y sensibilización para la población general.

Entre estas medidas de difusión y sensibilización se incluyen, en términos generales, algunas más destacables, que se ponen en funcionamiento desde diferentes organismos, tanto públicos como privados:

- Creación de páginas web.
- Elaboración de guías y manuales.
- Elaboración de folletos o dossieres específicos con cada temática.

- Fomento de la formación como medio de sensibilización.
- Formación a la comunidad educativa y sanitaria para una actuación basada en el respeto y la igualdad.
- Formación a alumnos y pacientes a modo de prevención primaria en la detección temprana de las desigualdades de género.
- Revisión de materiales didácticos.
- Elaboración de programas innovadores.
- Sensibilización en los medios de comunicación de la importancia de difundir medidas y recursos para conseguir la igualdad de género en todos los sectores (sanidad, educación, sexualidad, deporte, conciliación...).
- Fomento de programas de innovación y desarrollo enfocados a las desigualdades en materia de género.
- Formación profesional inicial especializada en género para los diferentes sectores de trabajo.
- Fortalecimiento de las redes sociales en el desarrollo y difusión de programas continuos en temática de género e igualdad.

 Recuerde

Desde Impulsa Igualdad se apuesta por los acuerdos económicos en favor de las contrataciones entre el gobierno y las empresas. Sin embargo, y a pesar de ello, las posibilidades de acceso al empleo para estas personas con discapacidad física continúan viéndose restringidas.

6.1. Necesidades físicas, psíquicas, emocionales, de salud reproductiva y sexualidad de las mujeres del entorno

En este sentido se mencionan tres de las múltiples actuaciones que se continúan desarrollando en el entorno de la difusión y sensibilización de género.

Campaña "ConSENTIDO"

La Delegación del Gobierno contra la Violencia de Género, junto con el Ministerio de Igualdad, lanzó en 2024 esta campaña. A través de ella se manifiesta el rechazo hacia la violencia sexual, considerada como una de las formas más comunes de violencia en la sociedad.

La finalidad de esta campaña es poner de manifiesto y afianzar la cultura del consentimiento en las relaciones sexuales, recurriendo al sentido común de las personas.

 Nota

La Delegación del Gobierno contra la Violencia de Género tiene disponible en su página web numerosas campañas y materiales de sensibilización relacionadas con las distintas formas de violencia hacia las mujeres.

Campaña "Yo soy del Sexo Seguro"

Esta campaña del Ministerio de Sanidad está dirigida a la población joven para que tomen conciencia de la importancia de la prevención del VIH y otras infecciones de transmisión sexual (ITS), así como de la responsabilidad propia de tener una buena salud sexual. El aumento del número de casos de las ITS en los últimos tiempos ha sido la causa del lanzamiento de la campaña.

La difusión de la campaña se realizó íntegramente en formato digital, medios de comunicación nacionales con *display premium, Youtube, Instagram, Tik tok, Spotify* y *radio online.* También está disponible el banners para incluirlo en el sitio web de las empresas que opten por difundir la campaña.

Actividades

21. Busque en el Ministerio de Sanidad información sobre la campaña del año 2017 "Sin condón no hay vuelta atrás". Compárala con la que acabas de ver en el contenido e indica las similitudes y diferencias que hay entre ellas.
22. Desde su punto de vista, ¿qué implicación puede tener tratar con adolescentes el tema de la ley del aborto?

Campaña de prevención de embarazos no deseados. "Si quieres, puedes. Evitar los embarazos no deseados es cosa de dos. Usa el preservativo"

Es una campaña del Instituto de las Mujeres que pretende difundir mecanismos para evitar los embarazos no deseados. Entre sus objetivos se encuentran:

- Proporcionar una información suficiente, adecuada y accesible que permita a los jóvenes el desarrollo de su sexualidad de manera más segura.
- Fomentar el uso de métodos anticonceptivos y especialmente del preservativo tanto masculino como femenino, como forma de prevenir los embarazos no deseados y enfermedades de transmisión sexual y SIDA.
- Impulsar actitudes sexuales respetuosas entre adolescentes y jóvenes.
- Potenciar la corresponsabilidad a la hora de tomar decisiones sobre las prácticas sexuales y el uso de anticonceptivos.

 Importante

Una de las cuestiones claves para sensibilizar en favor de la salud reproductiva es el uso de los medios de comunicación como medio para la difusión de recursos.

Entre los medios que usa el Instituto de las Mujeres para desarrollar esta campaña destacan:

- Internet.
- Radio.
- Prensa y revistas afines al público joven de la campaña.
- Pancartas en exterior: en el metro, EMT, cercanías, Renfe.

6.2. Actividad deportiva de las mujeres

El mundo deportivo es algo que ha estado relegado durante años al sexo masculino; a pesar de ello cada vez son más las mujeres que practican deportes. La sensibilización en este campo por parte de la sociedad es aún una asignatura pendiente, pero cada vez son más los avances al respecto.

Dentro de las posibles campañas de difusión y sensibilización de género en el mundo del deporte, en 2009 destacó la desarrollada por el Instituto de las Mujeres. Esta campaña denominada "Iguales, porque lo somos" tenía como finalidad sensibilizar sobre la igualdad entre mujeres y hombres en el ámbito deportivo.

 Importante

Una de las cuestiones claves para sensibilizar en favor de la salud reproductiva es el uso de los medios de comunicación como medio para la difusión de recursos.

 **Actividades**

23. Reflexione sobre las mujeres que conoce en el entorno deportivo relacionado con el fútbol. Haga un listado en el que pueda verse, a nivel numérico, para cuántas es su dedicación, la pertenencia a ligas profesionales... y compárelo con el sexo masculino.

Las acciones que se realizaron para promoverlo fueron de gran impacto publicitario:

- Partido amistoso mixto entre periodistas de diferentes periódicos deportivos como *As, Marca, Cadena Ser, Radio Marca* y jugadoras de los equipos femeninos del club de atletismo.
- Partido de liga "Por la Igualdad entre Mujeres y Hombres", entre el Atlético de Madrid y el Español. Para la difusión del partido se desarrollaron las siguientes actuaciones:

  - Colocación de carteles en el estadio en que se celebró.
  - Emisión del anuncio de la campaña por la igualdad durante el partido.
  - Fotografía de los jugadores con una pancarta de la campaña.

- Charla-coloquio dirigida al alumnado de secundaria en diversos institutos, sobre la igualdad de género en el deporte. Esta charla se denominó "Mismos retos, mismas oportunidades".
- Exhibición de la exposición "Mujer y deporte" elaborada por el Instituto de las Mujeres.
- Confección de diverso material divulgativo como camisetas y carteles. Estas fueron distribuidas en los diferentes actos programados.

El Consejo Superior de Deportes a través de su área Mujer y deporte, persigue poner en valor la figura de las mujeres en este ámbito. Para ello cuenta con multitud de recursos, tales como, cursos de formación para el profesorado, ayudas para Federaciones deportivas, materiales online, un canal de youtube propio, boletines electrónicos, normativa relacionada, etc. Destaca el programa integral para el desarrollo de la mujer denominado "Universo Mujer III" y la campaña de publicidad "En el deporte, que lo que importa, importe - Igualdad de género" emitida en prensa escrita, radio, cine y medios digitales. Con esta campaña se quiere reivindicar una mayor difusión de los logros conseguidos por las deportistas.

 Aplicación práctica

Desde el Ministerio de Sanidad se está poniendo en marcha una nueva campaña en el campo del deporte, basada en la campaña anterior denominada "Iguales porque lo somos".

Indique modos de difusión de dicha campaña, partiendo de un lenguaje no discriminatorio. La campaña se organizará de forma diferente en base a los grupos sociales a los que quiere dirigirse (mujeres, jóvenes y colectivos de hombres).

SOLUCIÓN

Partiendo de la campaña de 2009 desarrollada, y con gran éxito, puede proponer una semejante en la que se cuide mucho el lenguaje no discriminatorio que trate por igual la terminología referente al deporte femenino y masculino. En este sentido es importante el trato del sexo femenino y masculino, tanto como la no discriminación por tipologías de deportes.

Esta campaña se puede enfocar para jóvenes en el sentido de promover la práctica deportiva, mujeres de mediana edad que puedan reincorporarse a determinados deportes y hombres. En el último caso se tratará, de forma más exhaustiva, la sensibilización en el sexo masculino.

Del modo que sea, las medidas de difusión y sensibilización se centrarán en:

I Celebración de algún partido amistoso.
I Difusión mediante carteles, folletos, dípticos que pueden dejarse en determinados lugares estratégicos de la zona.
I Emisión televisiva de algún anuncio en el que se promueva la participación deportiva de mujeres y hombres.
I Charlas divulgativas de sensibilización primaria en los colegios e institutos.

6.3. Espacios y tiempos de participación de las mujeres

En el marco de la importancia que tiene para la igualdad de género realizar actuaciones que permitan una mayor participación, especialmente en momentos de ocio, destaca la realización de distintas acciones culturales promocionadas por el Instituto de las Mujeres.

Entre estas acciones se encuentran:

- Festival Ellas crean. Es un encuentro cultural de carácter internacional en el que se pone de manifiesto la creatividad y la labor artística de las mujeres. Tiene como objetivo promocionar a la mujer en distintos ámbitos de la cultura, música, cine, danza, etc. Es organizado por el Instituto de las Mujeres en colaboración con organismos públicos y privados. En sus distintas convocatorias ha existido un hilo común siempre desde la perspectiva femenina.
- Mujeres de cine. Se configura como una de las muestras de cine español realizado por mujeres más importantes y con un claro carácter itinerante. En este espacio se dan a conocer las producciones cinematográficas españolas realizadas, creadas y protagonizadas solo por mujeres.
- Jornada "Mujeres en la prehistoria. El origen de la humanidad". Está formada por distintas ponencias de expertas arqueólogas que ponen en valor la existencia de la mujer desde tiempos remotos.
- Premios Celia Amorós de ensayo feminista. Es un premio presentado por el Instituto de las Mujeres, cuya primera convocatoria fue en 2020. Su fin es promocionar y premiar la investigación a través de estudios feministas en cualquier ámbito académico.

6.4. Salud diferencial desde la perspectiva de género

Al hablar de salud diferencial se pueden entender los aspectos de la salud que marcan, en cierto modo, las diferencias entre mujeres y hombres. Serían muchos temas diferentes en cuanto a salud por sexos, algunos de los cuales se han desarrollado a lo largo del capítulo. Por ello, se muestra un aspecto de inmensa importancia en cualquier temática relacionada con la igualdad: la violencia de género.

Desde la Delegación del Gobierno contra la Violencia de Género se han puesto en marcha numerosas campañas para sensibilizar sobre estas situaciones que sufren las mujeres. Algunas van dirigidas a las propias víctimas y otras van encaminadas a concienciar a la población sobre la existencia de este tipo de violencia. Entre otras campañas, están:

- "Practica los buenos tratos. Por una vida libre de violencias machistas". Campaña dirigida a la población en general, con el objetivo de fomentar el trato correcto en las relaciones humanas.
- "Juntas". Documental que muestra la lucha de las mujeres frente a este tipo de violencia, a través de los testimonios de víctimas y de mujeres implicadas desde diversas áreas.
- "CeroDieciséis: La violencia sexual no es una película." Campaña dirigida a la ciudadanía en general para que tomen conciencia sobre la violencia sexual en distintos ámbitos.
- "El sexo es un sí". Campaña dirigida a la población adolescente para crear sensibilización frente a la violencia sexual y violencia machista.
- "Machismo es violencia" y "La Violencia que no ves". Son dos campañas que persiguen visibilizar determinadas actitudes y acciones habituales que pasan desapercibidas, pero que se consideran violencia hacia la mujer.

 Actividades

24. Desde su punto de vista, ¿qué relevancia están teniendo las numerosas campañas relacionadas con la violencia de género en España?
25. ¿Qué otros medios de comunicación cree que son fundamentales para la difusión de información además de la televisión?

7. Resumen

Desde el Ministerio de Sanidad se dispone toda una serie de recursos basados en la normativa europea y estatal para promocionar la igualdad efectiva entre hombres y mujeres. Los recursos permiten que las diferentes áreas de la vida de la mujer tengan una clara marca de género.

De este modo, el tema de salud está regulado y cuenta con manuales que hacen más efectivo el trato igualatorio para la mujer. Uno de los aspectos en que más se han basado los esfuerzos, tanto en recursos como medios de sensibilización y difusión, ha sido la salud sexual y reproductiva de la mujer. Temáticas en las que igualmente se cuenta con servicios nacionales, aunque en menor medida, son el ocio, el deporte o el urbanismo.

Un aspecto que está siendo muy estudiado actualmente es la conciliación de la vida personal, laboral y familiar. En este sentido apuntan numerosas campañas de sensibilización que apuestan por una mejora en la conciliación.

Desde el Ministerio se ofrecen dispositivos como el Observatorio de la Salud de las Mujeres que recoge medidas descritas en el Plan de Calidad del Servicio Nacional de Salud, para la promoción de la igualdad.

Por último, destacar las numerosas y crecientes asociaciones que intentan continuar promoviendo esta igualdad a través de agrupaciones de mujeres con temáticas diferentes que cuentan con ayudas gubernamentales para su progreso.

Ejercicios de repaso y autoevaluación

1. **Indique si la siguiente afirmación es verdadera o falsa:**

   a. En cuanto a los organismos responsables de organizar los recursos y servicios para la efectiva igualdad de género, se puede afirmar que se gestionan a nivel europeo para materializarse a nivel nacional, autonómico y local.

      ☐ Verdadero
      ☐ Falso

2. **Dentro de los programas de fomento del ocio y tiempo libre propuestos por el Instituto de las Mujeres se encuentran programas de cine que impulsan la participación de las mujeres en el cine español. Un ejemplo de ello sería:**

   a. El denominado "Mujeres de cine" en el que se dan a conocer largometrajes y cortometrajes españoles realizados por mujeres.
   b. El conocido como "Mujeres al poder" que promueve la lucha de las mujeres en el cine y la cultura general.
   c. El llamado "Cine" que pretende que se unifique el porcentaje de producciones de mujeres y hombres en el cine.
   d. Las respuestas a y b son correctas

3. **Señale dos de las leyes más importantes y populares en el ámbito del marco normativo sobre recursos en igualdad de género:**

   a. Ley 2000/25 sobre Igualdad de Género en España.
   b. Ley Orgánica 3/2007, de 22 de marzo, para la Igualdad Efectiva de Mujeres y Hombres.
   c. Plan Estratégico para la Igualdad Efectiva de Mujeres y Hombres 2022-2025.
   d. Las respuestas b y c son correctas.

4. **Relacione los siguientes términos:**

   a. Libro Blanco
   b. Libro Verde
   c. Agenda 2030

___ Medio Ambiente
___ Desarrollo Sostenible
___ Transporte

5. **Indique si la siguiente afirmación es verdadera o falsa:**

   a. Entre las medidas para fomentar el asociacionismo femenino están las subvenciones dirigidas a desarrollar programas para mujeres del ámbito rural, marítimo y pesquero.

      ☐ Verdadero
      ☐ Falso

6. **Las áreas del Plan de Calidad actual son:**

   a. Protección, prevención y promoción de la salud, fomento de la equidad, ayuda en el desarrollo de los recursos humanos en salud, excelencia clínica, fomento de las nuevas tecnologías de la información y la comunicación con la intención de mejorar la atención y aumento de la transparencia y claridad.
   b. Protección, prevención y promoción de la salud, fomento de la equidad, ayuda en el desarrollo de los recursos humanos en salud, excelencia clínica.
   c. Excelencia clínica, fomento de las nuevas tecnologías de la información y la comunicación con la intención de mejorar la atención y aumento de la transparencia y claridad.
   d. Excelencia clínica, fomento de las nuevas tecnologías de la información y la comunicación con la intención de mejorar la atención, conciliación laboral y aumento de la transparencia y claridad.

7. **El informe sobre esperanza de vida de la OMS muestra como resultados:**

   a. La esperanza de vida en la mujer es relativamente inferior que en el hombre.
   b. La esperanza de vida es un concepto complejo que no se aborda actualmente.
   c. La esperanza de vida es mayor en las mujeres pero la calidad de esa vida es deficiente.
   d. La esperanza de vida es un constructo igualitario en hombres y mujeres.

8. **Las asociaciones de mujeres más típicas en el ámbito rural son las denominadas:**

   a. Asociaciones de ámbito productivo.
   b. Asociaciones de bienestar social y género.
   c. Asociaciones de economía doméstica.
   d. Asociaciones con fines sectoriales.

9. **De entre las siguientes actuaciones, ¿cuáles son importantes de cara a la difusión de medidas para potenciar la igualdad de género?**

   a. Fomento de programas de innovación y desarrollo enfocados a las desigualdades en materia de género.
   b. Formación profesional inicial especializada en género para los diferentes sectores de trabajo.
   c. Fortalecimiento de las redes sociales en el desarrollo y difusión de programas continuos en temática de género e igualdad.
   d. Todas las opciones son correctas.

10. **Relacione cada medida o campaña con su temática:**

    a. "Yo soy del sexo seguro"
    b. "ConSENTIDO"
    c. "Iguales porque lo somos"
    d. Festival "Ellas crean"

    __ Sexualidad
    __ Deporte
    __ Cultura
    __ Salud

Capítulo 3

Establecimiento de procesos de información y sensibilización sobre el trabajo no remunerado en el ámbito doméstico y de cuidados

Contenido

1. Introducción

Cuando se trata la igualdad de género hay un aspecto prioritario por el que quizá se debe empezar un verdadero trabajo de peso, esto es la sensibilización, hacer que las personas que viven en la sociedad, hombres o mujeres, sean conscientes del importante papel que tienen aspectos tan relevantes como la conciliación o la corresponsabilidad.

La sensibilización no es un tema que competa únicamente a los adultos, ni a un sexo sobre otro, sino que es algo que hay que introducir en la sociedad en general. De hecho, hacerlo de forma temprana, a edades juveniles, es algo que da mucha más relevancia a este aspecto.

Una cuestión básica que se verá a continuación sobre la que hay que sentar la base de la sensibilización es el trabajo no remunerado relacionado con las tareas del hogar y que realizan principalmente las mujeres. El ámbito doméstico, junto con el cuidado de los hijos e hijas y los mayores dependientes, supone una actividad sin compensación económica que es un trabajo diario.

2. Valoración del impacto del trabajo no remunerado y su repercusión en los niveles personal, familiar y en la estructura socioeconómica

Aunque las mujeres participan cada vez más en el trabajo remunerado, aún no se ha conseguido una distribución equitativa en este sentido; y esto ocurre de forma generalizada en todo el mundo. De hecho, las mujeres continúan siendo las responsables del trabajo que no percibe remuneración y cuya contribución a la economía queda, por tanto, sin reconocer. Este trabajo incluye, sobre todo, el trabajo en el hogar, los cuidados directos a terceros y el voluntariado en la comunidad.

El hecho de que el trabajo doméstico no remunerado sea ejercido en su gran mayoría por las mujeres encuentra su explicación en la división sexual y social del trabajo. Este es un hecho que ha sido construido socialmente a lo largo de la historia, en el que se realiza una separación artificial entre el mundo de lo femenino y el mundo de lo masculino.

Cuando se habla de trabajo no remunerado se incluyen básicamente las siguientes actividades: cuidados personales, quehaceres domésticos del hogar, tareas de cuidado (niños, personas enfermas, dependientes) y trabajo voluntario, como las que se realizan en las comunidades, fundaciones de ayudas sociales, organizaciones religiosas, patronatos escolares...

En el mejor de los casos, la existencia de trabajo remunerado por parte de las mujeres debe compatibilizarse con su trabajo no remunerado en el hogar. Socialmente, las estrategias que se han aportado para favorecer esta conciliación se han centrado básicamente en la provisión de servicios para el cuidado infantil (licencias por nacimiento y cuidado de menor y guarderías). Además se puede destacar que el cuidado de personas enfermas, discapacitadas y ancianas, cuya responsabilidad recae también sobre las mujeres, raramente se contempla de igual manera. Es por ello, que la mujer trabajadora debe compaginar su trabajo fuera de casa y remunerado con aquel que realiza en el hogar de forma no remunerada. En contrapartida, en el caso de los hombres, el porcentaje de aquellos que concilian ambas ocupaciones continúa siendo muy inferior al de las mujeres.

Si se va más allá de esta división del trabajo, se puede analizar la carga global que supone la suma de trabajo remunerado y no remunerado. Esto arroja claramente datos que aseguran que las mujeres trabajan más tiempo que los hombres en promedio total, especialmente por parte de aquellas mujeres que además de trabajar dentro de casa lo hacen de forma remunerada fuera del hogar.

 Recuerde

La división social y sexual del trabajo marcada a lo largo de los tiempos ha hecho que el trabajo no remunerado sea y siga siendo ejercido por las mujeres.

A continuación, se refleja una gráfica en la que se analizan las horas de dedicación al trabajo doméstico por parte de mujeres y hombres. Se hará una distinción dependiendo de la ocupación o situación de desempleo por parte de ambos.

Trabajo doméstico por sexos

Horas diarias de trabajo doméstico. Diferencias por género y modelo laboral de pareja

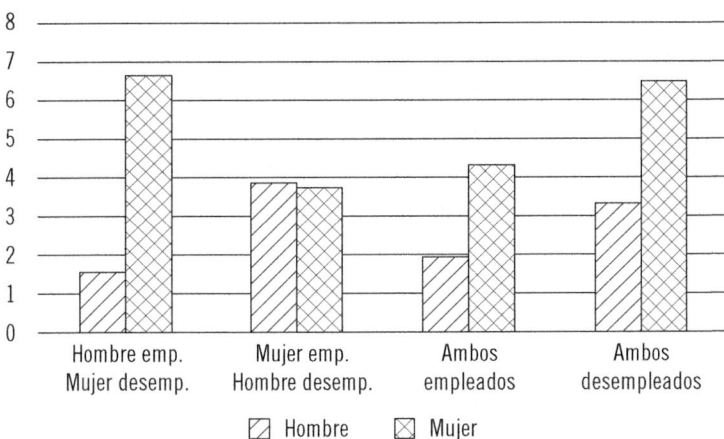

Entendiendo todas estas consideraciones, se debe reconocer, tanto por hombres como mujeres, la mayor dedicación de estas últimas a las tareas domésticas.

Esta circunstancia conlleva unas consecuencias para el sexo femenino. Por una lado, las carencias económicas al no disponer de unos ingresos propios para vivir de forma digna y autónoma. Por otro, las repercusiones en salud, lo cual es algo que no se debe pasar por alto, ya que la mujer tiene un cansancio añadido, por el mero hecho de tener que responsabilizarse de todas estas tareas domésticas. Por último, mencionar las repercusiones personales y familiares que se extrapolan y que afectan, en último término, a su calidad de vida.

2.1. Consideración del trabajo no remunerado por parte de las instituciones

La postura que el Instituto de las Mujeres tiene ante esta problemática es luchar por el reconocimiento social y económico del trabajo doméstico no remunerado. Para ello, parte de la necesidad de cuantificar el tiempo dedicado a las tareas domésticas, consideradas como no remuneradas, para asignarle de algún modo un valor económico.

Este principio, por el que apuesta el Instituto, parte del hecho primario de que el trabajo doméstico supone trabajo, siendo a veces incluso más duro y costoso que el trabajo remunerado. En numerosas ocasiones, llega incluso a superar el tiempo de una jornada completa en cualquier empresa. Por estas y otras muchas cuestiones, el trabajo no remunerado se está intentando contabilizar para darle respuesta de algún modo. En este intento social, se trabaja desde el Instituto para crear una cuenta a modo de satélite en las cuentas nacionales y su posterior incorporación en el Producto Interior Bruto (PIB). Ello permitiría reconocer y proporcionar mayores derechos económicos y sociales para las mujeres, quienes son las que mayoritariamente realizan este tipo de trabajo. De este modo, esta medida podría suponer el primer paso para el reconocimiento del trabajo realizado por las mujeres en el ámbito doméstico.

Las Naciones Unidas destacan, en varios tratados elaborados a lo largo de la historia más reciente, la importancia de reconocer de manera integral y absoluta el aporte económico de todas las formas de trabajo. Todas las formas de trabajo comprenderían tanto las formas ejercidas con remuneración como el trabajo no remunerado. En este sentido fue la Declaración y la Plataforma de Acción de Beijing, en la cuarta Conferencia Mundial de las Naciones Unidas (1999), la que supuso un hito político al respecto.

A partir de ese momento se reafirmó el compromiso por parte de los Estados Miembros en el desarrollo de métodos y sistemas apropiados con la finalidad de:

- Valorar el aporte del trabajo no remunerado a la economía del país.
- Hacer notar la distribución desigual del trabajo remunerado y no remunerado entre mujeres y hombres.

■ Establecer la relación entre el trabajo no remunerado y la influencia del mismo en la mayor pobreza por parte del sexo femenino.

A continuación, se plasma en un gráfico las horas que tanto mujeres como hombres de diferentes países dedican al trabajo doméstico.

Personas que realizan tareas domésticas más de tres días a la semana en la UE (%)
Fuente: EIGE (2023)

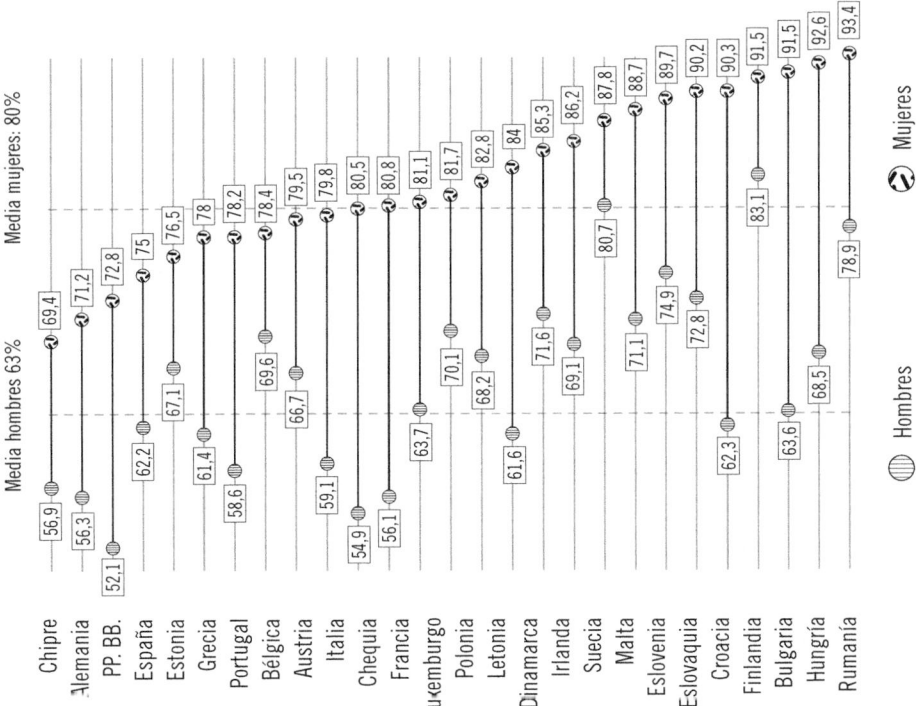

A partir de la consideración de Naciones Unidas, el tema del trabajo no remunerado ha sido un elemento a tratar en diferentes encuentros internacionales. Sin embargo, las implicaciones de los diferentes países no han sido equitativas. Como se muestra en la gráfica anterior, las diferencias más grandes entre la realización de tareas domésticas de hombres y mujeres se observaron en Croacia (90,3 % de las mujeres y 62,3 % de los hombres) y Bulgaria (91,5 % y 63,6 %) y las más pequeñas en Suecia (87,8 % mujeres y 80,7 % hombres) y Finlandia (91,5 % y 83,1 %).

En España, la diferencia entre hombres y mujeres en cuanto al trabajo en el hogar se encuentra por debajo de la media de la UE.

En el Consejo de Quito en 2007 se concluyó la importancia de la contribución del trabajo realizado por las mujeres a la economía en sus dimensiones productiva y reproductiva. En este encuentro se reafirma la importancia que compete a los Estados, gobiernos locales, empresas y familias la promoción de estos principios basados en la equiparación del trabajo no remunerado.

En el Consejo de Quito se determina la necesidad de adoptar medidas de corresponsabilidad para la vida familiar y laboral, medidas que se han de fomentar administrativamente por igual a las mujeres y a los hombres. Este paso requiere la conciencia de ambos sexos en la necesidad de compartir las responsabilidades familiares de manera equitativa y luchar contra los estereotipos de género.

2.2. Repercusiones directas en la mujer

Que las mujeres sean quienes asumen la mayor parte del trabajo no remunerado tiene importantes implicaciones, especialmente para su autonomía. Estas repercusiones se hacen patentes tanto a nivel personal, familiar como socioeconómico.

Por una parte, un gran porcentaje de las mujeres que asumen las ocupaciones domésticas no lo hacen por iniciativa propia, sino que más bien se dedican a ello por falta de un empleo. En ocasiones, este desempleo está ligado o se desprende de la dificultad al conciliar ambas esferas de una forma fructífera para ellas y para sus familias. Partiendo de esta base las repercusiones que se encuentran en las mujeres, tanto personales como psicológicas serán destacables.

Repercusiones socioeconómicas

En cuanto a las repercusiones que puede tener el trabajo no remunerado por parte de las mujeres, destaca, por un lado, que la limitación de oportunidades para participar en el mercado de trabajo restringe las posibilidades de independencia económica. Esto se transcribe en la menor disponibilidad de ingresos propios que puedan facilitar la satisfacción autónoma de las necesidades. Estas mujeres no disponen de recursos económicos propios para sus gastos, necesidades o aficiones. En ese caso, deben o bien reducir sus preferencias o necesidades, porque los ingresos familiares son más reducidos, o bien pedir el dinero a sus esposos.

 Recuerde

Existe un reparto desigual en las tareas domésticas en los diferentes países, con respecto al tiempo que los hombres dedican a las tareas del hogar. En España el tiempo que los hombres dedican a estas tareas es superior a la media de Europa, y está lejos de los puestos ocupados por países como Suecia y Finlandia.

Las posibilidades de independencia económica de las mujeres se reducen, no solo a corto plazo, sino también durante la vejez. Al no cotizar durante la vida adulta, las pensiones y los beneficios de la jubilación tienden a depender del tiempo dedicado al empleo remunerado, que en ocasiones es insuficiente e incluso nulo. Las pensiones de las mujeres estarán por tanto en relación a los beneficios de su cónyuge empleado, lo cual genera más dependencia del mismo. Otra alternativa para estas mujeres está en buscarse otro modo de cotización, en ocasiones ilegal, que permita reportar pequeños ingresos tras la jubilación.

En el caso de las familias monoparentales, estas dificultades se duplican porque las mujeres no tendrán otro medio de subsistencia que el económico propio. En estas circunstancias, la carga es doble al contar únicamente con su aportación económica para la subsistencia y la ausencia de otras personas con las que compartir el trabajo no remunerado que puede comprender el cuidado de hijos e hijas, del hogar o el cuidado de personas dependientes en casa.

Análisis y actuaciones en diferentes contextos de intervención (salud y sexualidad, educación, ocio, deporte, conciliación de la vida personal, familiar y laboral, movilidad y urbanismo y gestión de tiempos)

Actividades

1. Desde su punto de vista, ¿qué repercusiones cree que puede tener en el momento de la jubilación el hecho de que la mujer se dedique al trabajo que no conlleva remuneración?
2. Busque información sobre familias monoparentales y aquellas en las que conviven hombre y mujer. Analice si existen diferencias en cuanto a si las mujeres trabajan más de forma remunerada o no remunerada, dependiendo de la tipología familiar.

Repercusiones a nivel personal

El trabajo no remunerado conlleva igualmente una insatisfacción a nivel personal, al no sentirse realizada como persona trabajadora, más aun cuando se dispone de estudios superiores. La insatisfacción de no encontrar el trabajo adecuado a los estudios realizados se engrandece cuando las mujeres deben sustituir ese trabajo esperado y deseado por el cuidado del hogar y los hijos. Esto es más significativo aun cuando este trabajo no reporta ningún beneficio económico y deben dedicarle horas ilimitadas.

Entre las repercusiones personales o psicológicas que puede conllevar el trabajo no remunerado se encuentran:

- Baja autoestima a consecuencia de no estar satisfecha con aquello que se hace.
- Estrés determinado por la cantidad de trabajo a realizar.
- Culpabilidad por querer y luchar por otros aspectos importantes en sus vidas.
- Sentimientos de inutilidad, ya que es un trabajo no grato y no reconocido ni por sus parejas ni por las personas a las que dedica su tiempo.
- Insatisfacción personal, ya que son tareas rutinarias con pocos beneficios personales y emocionales.

 **Aplicación práctica**

Imagine que debe realizar un estudio como alumno de tercer curso de trabajo social sobre la implicación o repercusión que el trabajo no remunerado ejerce en las mujeres de edad comprendida entre 40 y 55 años. Para ello debe elegir una muestra pequeña de una localidad cualquiera.

¿En qué aspectos o variables de estudio se centraría si quiere determinar concretamente las repercusiones personales y económicas del trabajo no remunerado de esta muestra de mujeres?

SOLUCIÓN

La muestra se elegiría de forma aleatoria respetando las edades e intentando que fuese lo más aleatoria posible. Elaboraría algunos cuestionarios que midieran de forma más precisa los siguientes elementos personales:

- Nivel de satisfacción personal.
- Culpabilidad por el deseo de otras ocupaciones.
- Nivel de autoestima.
- Estrés o ansiedad.
- Sentimientos de inutilidad.

En cuanto a los elementos económicos, evaluaría algunas variables como:

- Ingresos mensuales y de dónde provienen.
- Si las mujeres han trabajado fuera del hogar en algún momento.
- De dónde obtienen el dinero para cubrir sus necesidades.
- Tipo de necesidades que cubren.
- Si obtienen algún otro tipo de seguro que esté intentando prever aspectos de la jubilación posterior.
- Diferencias en cotización entre las mujeres de 40 y de 55 años.

Repercusiones a nivel familiar

En cuanto a la repercusión a nivel familiar quizá pueda describirse por un lado como positiva, al poder encargarse de la unidad familiar a tiempo completo, aunque por otro lado la insatisfacción puede reflejarse de forma conjunta.

Los más beneficiados de esta dedicación al ámbito doméstico son los propios familiares que rodean a la mujer, ya que disponen de su tiempo y dedicación plena. Por otro lado, el sexo masculino puede excusarse de sus responsabilidades domésticas, impidiendo con ello alcanzar la corresponsabilidad.

Sin embargo, para las mujeres pueden existir repercusiones a nivel familiar en sentido negativo por sus insatisfacciones personales. Las repercusiones psicológicas que se mencionaban en el apartado anterior pueden desencadenar a nivel familiar graves consecuencias del tipo:

- Relaciones de pareja insatisfechas.
- Peleas continuas con la pareja ante la ausencia de corresponsabilidad.
- Tiempo de dedicación a la familia de cantidad pero no de calidad.
- Menor retribución económica en la familia.
- Observación de modelos no igualatorios en los padres por parte de sus hijos.

Recuerde

La baja autoestima, la insatisfacción personal y los sentimientos de inutilidad parecen tener una relación directa con el trabajo no remunerado en la mujer.

3. Identificación de las cadenas de tareas y relaciones espacio-temporales

Hay una cuestión relevante cuando se habla de cadena de tareas y se refiere a las tareas que las mujeres deben realizar diariamente, como cadena de actuaciones y funciones o la cadena de tareas que debería suponer un trabajo coordinado entre ambos sexos en base a la corresponsabilidad.

Las mujeres se han ido incorporando al mercado laboral y con ello ha ido aumentado su cadena de tareas. El motivo de ello es que necesitan hacer patente en sus vidas una coordinación entre tareas empresariales y tareas domésticas, ya que nadie las sustituye en ninguna de ellas.

3.1. Incorporación de la mujer al ámbito laboral

La incorporación laboral de la mujer ha supuesto un avance social y personal, al que el sexo femenino ha sabido incorporarse paulatinamente. Sin embargo, a la par de este avance femenino se ha observado como la sociedad, el Estado y los varones están siendo extremamente lentos en responder a los mismos cambios sociales. Desde su enfoque, no se ha producido una unión paralela en la cadena de tareas, sino que ha supuesto un cambio radical para la mujer, al que los hombres no se han adaptado por igual.

Esta es una premisa que debe cambiarse, ya que todos los miembros de la familia tienen derechos y obligaciones y no debería continuar existiendo ninguna relación directa entre sexo y exclusión. El avance de los tiempos se ha producido en múltiples facetas sociales, tales como las tecnologías, la medicina, la empleabilidad, las alternativas de ocio y un largo sinfín de cuestiones. Por ello, es necesario preguntarse por qué está tardando tanto tiempo en conseguir una verdadera corresponsabilidad.

 Nota

La menor calidad en el tiempo dedicado a las familias por parte de la mujer que se dedica exclusivamente al cuidado del hogar puede ser una repercusión emocional a consecuencia de la insatisfacción en el trabajo no remunerado que realiza.

Esta incorporación laboral creciente hace necesaria una equiparación en las labores, que implique el trabajo en el hogar como una cadena de tareas en las que ambos sexos puedan distribuir los quehaceres de la casa y los hijos. La distribución equitativa de estas tareas conlleva unas relaciones espacio-temporales, es decir, una dedicación laboral en un espacio diferente a la empresa y un tiempo que hasta ahora los hombres consideraban exclusivamente de ocio y tiempo libre.

El trabajo doméstico se caracteriza por una serie de cuestiones, que siendo negativas continúan estando ahí. Esto hace referencia a que el trabajo dentro del hogar implica:

- Un trabajo sin remuneración monetaria.
- No está valorado social ni económicamente.
- No tiene asignado un precio.
- No tiene horario delimitado ni reglamentado.
- No produce reconocimiento ni ningún tipo de derecho.
- Es desempeñado gratuitamente.
- Es ingrato en muchas ocasiones.

El trabajo doméstico no puede entenderse solo como un conjunto de actividades como cocinar, limpiar o planchar, ya que requiere de una serie de actuaciones físicas, emocionales, psicológicas y sociales que le conceden mayor relevancia. Entre ellas:

- Implica una toma de decisiones previa para desarrollarse de forma efectiva: priorización de tareas, organización temporal, espacial…
- Conlleva actuaciones que se realizan fuera del hogar tales como llevar a los niños al colegio, al médico, ir al banco, etc.
- Requiere de responsabilidades, en ocasiones altamente importantes, como decidir cuándo acudir al médico en caso de enfermedad de los hijos o de las personas dependientes a su cargo.

Todo ello implica no solo un enorme trabajo sino una cadena de tareas cargada de responsabilidades, recursos, habilidades y organización práctica. Que el trabajo dentro del hogar no reciba una remuneración no es impedimento para que las actividades que comprende requieran un esfuerzo y dedicación plena, que además en muchos casos superan a otras ocupaciones sí remuneradas.

Quizá por todas estas características que continúan dándose a pesar del paso de los tiempos, no cuenta con un reconocimiento social y familiar adecuado y por ello los hombres continúan viéndolo como algo ajeno a sus compromisos, pues tradicionalmente se ha considerado "cosa de mujeres".

 Actividades

3. ¿Está de acuerdo con el hecho de que el trabajo doméstico requiera de la toma de decisiones? Ponga un ejemplo en que se vea la necesidad de tomar decisiones ante las tareas del hogar.
4. Explique con sus palabras la expresión "es cosa de mujeres" y las connotaciones sociales que dicha expresión puede tener en la sociedad.

3.2. Implicación masculina en la cadena de tareas

La primera cuestión que surge en la identificación de los quehaceres y la elaboración de una cadena compartida, es si el participar en esa cadena de tareas se considera una ayuda o una responsabilidad.

En este sentido ayudar es prestar cooperación pero no encargarse de su cumplimiento. Por tanto, supone estar libre de cualquier responsabilidad final. Por el contrario, responsabilizarse significa hacerse cargo de que se cumpla una determinada cosa, tarea o actuación.

Entendiendo estos dos conceptos, las mujeres no necesitan ayuda sino compartir la responsabilidad para democratizar el espacio doméstico en el que viven y actúan diariamente. Es cierto que se está produciendo un avance social al respecto y aunque los hombres están incorporándose lentamente a las tareas de cuidado del hogar, los hijas, hijos y mayores, lo hacen desde una actitud subsidiaria o de ayuda, a modo de "echar una mano" sin responsabilizarse de las tareas y mucho menos de sus consecuencias.

Cuando se consiga que la ayuda se torne responsabilidad se estará hablando de conciliación. Ello supondría una equiparación en la cadena de tareas personal, laboral y familiar junto con la compatibilización de dos espacios, el público o productivo y el doméstico o reproductivo.

 Importante

La responsabilidad debería estar en la base de la cooperación en cuanto a tareas domésticas por parte de los hombres, ya que implica una responsabilidad en las tareas realizadas y va más allá de la mera ayuda subsidiaria.

Cuando el reparto de tareas no se realiza entre ambos sexos en el hogar, la mujer se ve obligada a algunas cuestiones, tales como:

- Recurrir a empleos de tiempo parcial y no de jornada completa, para poder hacerse cargo de las responsabilidades familiares. En este sentido, un 80 % de los contratos a tiempo parcial son de mujeres. Los hombres no entran en esa cadena de tareas cuando su puesto de trabajo está en juego.
- Delegar el cuidado de sus hijos a familiares cercanos, sintiéndose responsables de ello y eligiendo entre dejarlos al cuidado de otra persona o centro escolar o bien renunciar a su jornada laboral, cosa en la que el hombre se mantiene al margen, ya que su trabajo no se ve en esta tesitura. Por lo general, la persona que se hace cargo de esos menores es otra mujer, abuelas en su mayoría. Se ha encontrado que en torno al 31,3 % de las abuelas maternas se ocupan del cuidado de niñas y niños en edad escolar.
- Sobrecarga de trabajo, ya que después de la jornada laboral fuera de casa han de trabajar en el hogar, aunque sea no remuneradamente.
- Privarse de tiempo propio, privacidad y espacio para sí mismas que les permita disfrutar de sus aficiones, sus amistades o tiempo de relax.

Si se analizan estas consideraciones, se puede comprobar cómo el reparto de tareas podría conllevar una mayor independencia, bienestar, seguridad, plenitud y armonía, tanto en las mujeres como personas como en las mismas familias.

En cuanto al estudio del reparto de tareas y según datos del Instituto Nacional de Estadística se analizan algunas conclusiones de la situación actual que rige en España las tareas entre hombres y mujeres:

- En Europa, solo entre un 6 % y un 25 % de los hombres hacen la compra en el mercado.
- Los hombres disfrutan de mayor tiempo libre que las mujeres, alrededor de una hora y media al día los días laborales y de tres horas más los fines de semana.
- Por cada hora que la mujer trabaja fuera de casa, el hombre aumenta su trabajo dentro del hogar en cinco minutos.
- Los padres se implican actualmente más con los hijos, pero parece ser que solo a la hora de jugar o de compartir actividades agradables, no en el cuidado y la crianza.
- En España las mujeres dedican de media, tres horas más al día que los hombres a tareas relacionadas con el hogar y la familia. Cuestión no unánime con la corresponsabilidad.
- En Europa, en términos generales, solo un 3 % de las familias comparten igualitariamente las tareas domésticas. Algunos países están consiguiendo sensibilizar verdaderamente a la sociedad a favor de la corresponsabilidad pero aun las diferencias continúan siendo patentes.
- Económicamente, las mujeres españolas ganan un 28 % menos que los hombres en sus trabajos remunerados. Si hubiese que cifrar el trabajo no remunerado, las cifras aumentarían considerablemente.
- Por cada hombre que abandona su puesto de trabajo por motivos familiares, lo hacen 27 mujeres. La realidad es que los hombres no suelen abandonar su trabajo por motivos familiares, mientras que las mujeres se ven obligadas familiar o moralmente en muchas ocasiones.
- En los casos de cuidado por dependencia de enfermos, el 83 % de las personas que se dedican a ello, son mujeres. En esto las cifras son mucho más elevadas que en el cuidado de sus hijos e hijas. El cuidado de enfermos es algo casi exclusivo del sexo femenino, aunque los familiares dependientes sean familia biológica del hombre.

- De los jóvenes europeos de 12 a 16 años, solo el 33 % ha limpiado la casa alguna vez o ha realizado tareas en el hogar.

Sabía que...

Que la mujer tenga que privarse de ocio y tiempo de dedicación plena para la realización de actividades gratificantes puede ser una consecuencia directa del escaso reparto de tareas en el hogar por parte de ambos sexos.

En la apuesta por la igualdad, la conciliación y la corresponsabilidad, la Asociación de Hombres por la Igualdad de Género (AHIGE) lanza una campaña con el objetivo de promover la igualdad entre hombres y mujeres, también en las tareas del hogar. Esta iniciativa se enmarca dentro del programa CO-RESPONDE, desarrollado desde 2003 por la asociación AHIGE. Esta asociación cuenta con el apoyo del Instituto de las Mujeres.

Con la finalidad última de conseguir una verdadera implicación de los hombres en las responsabilidades domésticas y familiares, el programa CO-RESPONDE entiende el hogar como una asignatura pendiente para la igualdad. El concepto global de igualdad parece ir en progreso lento pero creciente, sin embargo pareciera que los principios de la igualdad se diluyeran una vez cruzado el umbral del hogar. Es por ello que lucha por la sensibilización, la concienciación y la difusión de este principio como base social para la igualdad.

Aplicación práctica

Se encuentra trabajando como profesor con un grupo de mujeres que trabajan en casa como amas de casa. Algunas de ellas trabajan a tiempo parcial haciendo sustituciones en vacaciones. El grupo está formado por 10 mujeres de entre 30 y 50 años. Están de-

Continúa en página siguiente >>

<< Viene de página anterior

sarrollando un taller sobre "Corresponsabilidad". El taller consta de 5 sesiones en las que tendrá que trabajar con las mujeres los siguientes aspectos:

- Sensibilización hacia las consecuencias de la dedicación exclusiva a las tareas del hogar.
- Tareas y dedicación de tiempos en el trabajo no remunerado.
- Hacer que descubran herramientas o métodos para fomentar la corresponsabilidad.

Su cometido como profesor será trabajar con ellas los contenidos anteriores en las diferentes sesiones. Determine aquellos aspectos en los que considera importante centrarse y los contenidos generales que usaría para su desarrollo.

SOLUCIÓN

La primera de las cuestiones se centra en la sensibilización del grupo de mujeres en torno a las consecuencias a corto y largo plazo de lo que puede ser una dedicación plena a las tareas del hogar. En este sentido, puede partir del análisis de casos personales y los sentimientos que presenta el grupo. Es muy probable encontrar diferencias entre las mujeres de 30 y de 50 años, ya que el tiempo que llevan dedicándose a las tareas del hogar será diferente.

Servirá mucho al grupo ver los puntos de vista de sus compañeras sobre las ventajas de hacer partícipes a los maridos en las tareas y los tiempos del trabajo no remunerado. Puede comenzar identificando el tipo de tareas que realizan en casa, los tiempos que dedican a las mismas, la colaboración que obtienen en determinadas actividades.

Igualmente, será interesante analizar las consecuencias que tiene en sus vidas trabajar en el hogar y no recibir remuneración por ello. Estas consecuencias pueden comprender desde menor posibilidad de disfrutar del ocio y tiempo libre, estrés o responsabilidades en el hogar, hasta cuestiones como dependencia económica.

Sería positivo analizar además, por separado, las actividades que realizan los hombres en el hogar, tanto en días laborables o fines de semana (actividades de cuidado del hogar o de ocio).

Puede analizar por tanto en las mujeres, las tareas, la dedicación a estas actividades junto con la calidad de vida y la autosatisfacción que les reporta. En contrapartida, animaría a usar la imaginación para representar estos aspectos en el hombre (calidad de vida, autosatisfacción, dedicación a tareas...).

De manera conjunta en el grupo, se intentará encontrar modos, recursos o herramientas para que cada una de ellas aplique en casa con el objetivo de favorecer la corresponsabilidad.

Continúa en página siguiente >>

Análisis y actuaciones en diferentes contextos de intervención (salud y sexualidad, educación, ocio, deporte, conciliación de la vida personal, familiar y laboral, movilidad y urbanismo y gestión de tiempos)

<< Viene de página anterior

Algunas formas de hacerlo podrían incluir: implicación del marido en el cuidado de los hijos (baño, cena, deberes escolares...), reparto de tareas de limpieza, realización de la compra semanal, etc. Estas sugerencias pueden ir acompañadas de unas orientaciones para hacerlas efectivas en sus casas, especialmente para que sus maridos entiendan la importancia de la corresponsabilidad. Para ello se jugará con la empatía, partiendo de la ayuda para culminar en la responsabilidad, introduciendo las tareas de forma paulatina, animando a ver vídeos o asistir a alguna charla sobre corresponsabilidad, etc.

4. Métodos de aplicación de estrategias para el cambio en los usos del tiempo de mujeres y hombres

La vida cotidiana de la población española se desarrolla en un marco temporal similar al de otras sociedades europeas. Las actividades que las personas realizan en sus vidas se pueden clasificar en cuatro grandes grupos:

- Necesidades fisiológicas básicas, a las que se dedica la mitad de la jornada de una persona: descanso, cuidados personales y comidas.
- Actividades relacionadas con los estudios y con el trabajo ya sea remunerado, voluntario o doméstico. A estas actividades se dedica un cuarto de la jornada de una persona.
- Actividades relacionadas con el ocio y la vida social, en las que las personas emplean un porcentaje algo inferior.
- El resto de actividades, que supondría tiempo dedicado a tareas no especificadas, es lo que algunos llaman "pasar el rato" o "matar el tiempo".

La cuestión que se plantea ahora es si ese reparto de tiempos mencionados anteriormente es igualitario para hombres y para mujeres. Desafortunadamente, el tiempo dedicado a cada necesidad o actividad, varía, entre otras cosas, en función del sexo. Es crucial ser consciente de ello, para llegar a la conclusión de la necesidad de equiparar estos tiempos; paso previo y necesario para llegar a cambiarlos.

Una de las cuestiones más significativa del reparto de tiempos es el hecho de que las mujeres continúan teniendo un nivel inferior de acceso a los recursos de ocio y tiempo libre o incluso de tiempo propio. Estas actividades relacionadas con el ocio ocupan un porcentaje no demasiado elevado y siempre inferior a las necesidades fisiológicas o a las actividades laborales. Sin embargo, marcan la diferencia entre los tiempos para las mujeres y los hombres. El hecho de que las actividades de ocio y tiempo libre sean menos desarrolladas por las mujeres, está promovido por tres cuestiones principales: la tradicional división sexual del trabajo, la insuficiente participación de las mujeres en el trabajo productivo y el deber de asumir las responsabilidades familiares.

En definitiva, el reparto no equitativo en cuanto a tiempos y especialmente tiempos de ocio, concluye en la dificultad de conciliación de vida laboral, familiar y personal para las mujeres.

Si se valora el modo en que las mujeres usan su tiempo propio, aunque sea escaso, se muestra que, por lo general, suelen participar en actividades culturales o de ocio. De este modo, acuden con mayor frecuencia a exposiciones, teatros o conciertos. En contrapartida, los hombres suelen usar este tiempo para la lectura de periódicos, hacer deporte, escuchar música o usar las nuevas tecnologías.

 Actividades

5. Explique en qué cree que consisten las actividades que la población realiza para "matar el tiempo" y recapacite sobre el beneficio personal que pueden tener.

4.1. Medidas por parte de la administración para fomentar el cambio de reparto de tiempos

Entendiendo la necesidad de usar algunas herramientas que hagan factible el cambio en los usos del tiempo por parte de mujeres y hombres, la Administración ha establecido algunos mecanismos y estrategias que la harán factible. Para ello, marca tanto las directrices en su establecimiento como algunas orientaciones que pueden seguir las empresas para su desarrollo. Entre las medidas que se proponen se reflejan algunas a las que el Instituto de las Mujeres concede más relevancia:

- Sensibilizar y formar a la sociedad, en general, sobre aspectos de conciliación y corresponsabilidad. La sensibilización debería abarcar a toda la población independientemente del sexo. Además la sensibilización se puede complementar con estrategias formativas que permitan el trabajo específico en conciliación o corresponsabilidad.

- Incluir en la negociación colectiva cláusulas que aconsejen a las empresas la conciliación de la vida laboral, familiar y personal. Estos principios pueden ser recogidos en los planes de empresa y además podrían establecer esos beneficios sociales para aquellas compañías que sienten entre sus bases estos principios.

- Coordinar los horarios de los centros educativos con los horarios laborales de las empresas o bien disponer de actividades extraescolares de horario amplio y gestionado por la misma Administración pública, garantizando con ello la gratuidad de las mismas.

- Promover medidas de flexibilización horaria a las que puedan acogerse las mujeres con hijos o cargas familiares. Esta flexibilización deberá ser respetada y no enjuiciada por otras personas.

- Garantizar la posibilidad de adaptarse a jornadas parciales en el empleo público, sin que ello conlleve la discriminación ni la exclusión laboral.

- Establecer programas de apoyo a cuidadores que se encarguen de persona dependientes, con la finalidad de poder disfrutar de tiempo libre. Estos programas deben ser gestionados por la Administración y proporcionarse sin ánimo de lucro.

- Garantizar medidas de flexibilización horaria en las empresas y en los centros escolares en zonas especialmente deficitarias, tales como zonas rurales, parques tecnológicos y zonas industriales. Estas zonas, por sus condiciones de lejanía y carencia de equipamientos sociales, presentan especiales dificultades para la conciliación.

- Creación de infraestructuras y servicios que faciliten la funcionalidad de la ciudad para hombres y para mujeres, haciendo accesibles recursos lúdicos y laborales a ambos sexos. Estos recursos deberán minimizar los desplazamientos y tiempos de acceso.

■ Desarrollar una red de servicios y recursos sociales con plazas suficientes para la atención a personas en situación de dependencia que permita a las familias compaginar el cuidado con el trabajo empresarial.

 Recuerde

Es positivo que las organizaciones recojan en sus planes de empresa mecanismos y sistemas para fomentar la conciliación, los cuales podrían estar premiados socialmente.

Otra cuestión importante y necesaria para el cambio es la concienciación social, es decir, que la población entienda estos principios de corresponsabilidad y uso de los tiempos. No obstante, comprender no sería suficiente sino que hay que ir más allá y pretender, a largo plazo, una conciencia plena y una aceptación de estos mecanismos como bien social. Para alcanzar la concienciación social es importante entender que se puede comenzar con el fomento de la misma a través de diferentes mecanismos divulgativos y de sensibilización que lleguen a la sociedad en general. Dentro de estos mecanismos o estrategias se incluye:

■ La utilización de los medios de comunicación social de masas como la televisión para publicitar anuncios o programas en los que se maneje el concepto de uso de tiempos y corresponsabilidad.

■ Las campañas publicitarias en marquesinas que sean visibles con lemas cortos pero directos que lleguen tanto a mujeres como a hombres.

■ El uso de internet como herramienta multimedia a disposición de un elevado porcentaje de la población en el que se incluyan datos, cifras, métodos, estudios en otros países, etc. Estos datos deberán reflejar las ventajas de la corresponsabilidad para hombres y mujeres y para la familia en su conjunto.

 **Sabía que...**

El tiempo de ocio para las mujeres es inferior que el de los hombres y suelen usarlo para actividades culturales, tales como ir al cine, al teatro o a exposiciones.

4.2. Actuaciones en las entidades locales

Las actuaciones que se han descrito en el punto anterior se generalizarían a cualquier entidad, comunidad, provincia o país. Además de ello, existen aspectos que pueden ser útiles en cuanto a entidades locales más pequeñas. Para ello, se recoge lo descrito en la "Guía de buenas prácticas para la incorporación de la igualdad entre mujeres y hombres en el ámbito local" editada por el Instituto de las Mujeres (2023). Esta guía entiende, una vez más, el fomento del ocio y el tiempo libre como un elemento clave para el cambio de usos del tiempo entre hombres y mujeres.

A este respecto señala algunas indicaciones destinadas al fomento del ocio entre la población femenina de ámbitos locales. Entre estas indicaciones, las dos más significativas son: entender que el ocio es un derecho innegable de todos los ciudadanos y afirmar que la Administración local tiene el reto de prestar los recursos necesarios a la población para que toda persona pueda disfrutar de su tiempo de ocio y libertad.

También se ha realizado un estudio de buenas prácticas por parte del Instituto en el que se refleja que los ayuntamientos locales están interviniendo efectivamente para potenciar la conciliación mediante el fomento de diversas líneas de actuación, tales como:

- Organización de actividades de ocio enfocadas a personas que tienen dificultades para su disfrute, como son las mujeres. En este sentido, es importante ampliar la oferta formativa de actividades existentes para las mujeres e intentar equipararlas a las ofrecidas para hombres.

■ Fomento de un sistema de servicios diversos cuya finalidad es que padres y madres compartan el ocio y el tiempo libre con sus hijos e hijas. En ámbitos más locales donde las posibilidades de diversión son más reducidas, se intenta compenetrar algunas actividades que ya eran realizadas por algún miembro de la familia y subrayar la importancia de que sean realizadas en familia.

Para garantizar el éxito de este tipo de iniciativas, el Instituto menciona algunos aspectos de vital importancia que deben tener en cuenta los ayuntamientos a la hora de presentar, divulgar y promover las actuaciones. Entre ellos destacan:

■ Contar con personal cualificado y profesional que ofrezca a la población un servicio de calidad. Para atraer a la población es importante que vea que aquellas actividades de ocio que están al alcance de su mano son interesantes y le van a aportar beneficios.
■ Coste de las actividades asequible para las familias o subvencionadas por los ayuntamientos.
■ Fácil accesibilidad en cuanto a localización de las actividades, a ser posible en la misma localidad y en horarios adecuados.

A pesar de que se ha puesto el punto de mira en el ocio como primera actividad de acercar los tiempos entre ambos sexos, la cadena de tareas es mucho más amplia. Habría que mencionar tanto las actividades del hogar como las laborales. En cuanto al tema del uso del tiempo en el hogar, serían los hombres los que deberían cambiar su punto de mira y dedicar una mayor parte de su tiempo a las tareas domésticas. Por otro lado, en cuanto a las actividades laborales serían en este caso las mujeres las que deberían aumentar su tiempo de dedicación, aunque esto no es una cuestión de gustos o preferencias como ocurre con el tiempo de ocio. La cuestión de dedicar un tiempo más equitativo al tema laboral depende de otros factores tales como la empresa, la adecuación de tiempos con las parejas para poder compaginar la atención a los hijos o familiares dependientes, etc.

Nota

Para el fomento de la organización de actividades de ocio y tiempo libre a nivel local, sería factible que estas propuestas pudieran ser disfrutadas en familia junto con una diversificación de las actividades que se ofrezcan a la mujer.

El análisis que se ha realizado por parte del Instituto de las Mujeres con respecto a las acciones de sensibilización que se han puesto en funcionamiento a lo largo de estos años por las entidades locales ha permitido extraer las siguientes conclusiones:

- El cambio de mentalidades en cuanto al uso de los tiempos es un proceso largo y difícil, ya que las percepciones de la población adulta están arraigados en modelos antiguos. Por tanto, se debe comenzar por estrategias que aboguen por la sensibilización para posteriormente pasar a la implicación de la población.
- La sensibilización hacia los más jóvenes es muy efectiva, incluso básica y fundamental para conseguir el cambio a medio y largo plazo. Esta sensibilización comenzará en los propios centros escolares a edades tempranas y se intentará mantener de forma continua para que su efecto sea mayor.
- Es necesario desarrollar actuaciones prolongadas en el tiempo y desde distintos ámbitos si se desea obtener beneficios duraderos. Lo cual no es más que plantear las actuaciones y desarrollarlas en diferentes momentos, lugares, entidades, organismos, etc.
- Se hace fundamental reforzar la participación en actividades de sensibilización de los hombres, ya que la conciliación no es una cuestión de mujeres. Es por ello que nuestra intervención ha de ir más allá del sexo femenino, extrapolando actuaciones y principios a los hombres.
- La sensibilización ha de introducirse en las diferentes facetas de la vida de los hombres, tanto familiar, laboral como personal. Ello haría mucho más probable conseguir la superación de los estereotipos sexistas y la vinculación de determinadas actividades a uno u otro sexo.

Aplicación práctica

Imagine que es trabajador del ayuntamiento en el que se está realizando un proyecto sustentado en la "Guía de buenas prácticas para promover la conciliación". En él se pretende que el ayuntamiento se una a la demanda social de promover iniciativas para el desarrollo de actuaciones en favor de la conciliación y el uso de tiempos. Su labor consiste en dar pautas generales al comité organizador para tener en cuenta a la hora de plantear las actividades. Tenga en cuenta que es la primera vez que se realiza esta iniciativa y no tienen idea de cómo llevarla a cabo.

SOLUCIÓN

Como miembro del ayuntamiento se supone que hay que conocer las características poblacionales del municipio, cuestión fundamental para aportar datos. El análisis de las características del municipio será una cuestión que aportará datos en cuanto al tipo de economía social, el número de habitantes, el sexo, la disponibilidad de recursos, etc.

Entre los consejos que puede proporcionar en esta primera fase de creación de los proyectos pueden estar:

▪ Proponer actividades para disfrute principal de las mujeres, ya que normalmente se hace una apuesta mayor en actividades más masculinas.
▪ Determinar la importancia de plantear actividades puntuales en que puedan participar las familias en su conjunto.
▪ Las actividades se realizarán en el mismo municipio y estarán subvencionadas por el ayuntamiento, al menos de forma parcial.
▪ Se contará con personal cualificado en cada una de las actividades.

5. Implementación de actuaciones para facilitar herramientas de corresponsabilidad

El concepto que pretende la conciliación trabajo-familia se ha entendido de diversas maneras. A continuación, se definen dos conceptos relacionados, pero con matices diferentes.

La conciliación hace referencia a la compatibilidad de los tiempos dedicados a la familia y al trabajo. Conciliar significa mantener el equilibrio en las diferentes dimensiones de la vida, con la finalidad de mejorar el bienestar personal, la salud y el trabajo. Es un concepto que se ha referido más bien a las mujeres y, por tanto, a sus posibilidades de disponer de tiempo para sí mismas y de desarrollo pleno en el ámbito laboral, afectivo, familiar, de ocio, cultural, de salud, etc.

La corresponsabilidad social va más allá de la conciliación, es decir, de aumentar la implicación de las mujeres en el reparto de las responsabilidades domésticas y laborales. La corresponsabilidad tiene como finalidad promover la igualdad de oportunidades entre mujeres y hombres en sentido general, implicando una concienciación en ambos sexos de la necesidad de un reparto equitativo de responsabilidades.

La falta de corresponsabilidad y las dificultades para conciliar vida personal, familiar y laboral contribuyen, día a día, a sostener la discriminación laboral y salarial de las mujeres. Además, a nivel social, supone una importante pérdida de talento empresarial que dificulta el progreso económico.

 Actividades

---

6. Explique con sus propias palabras la diferencia entre conciliación y corresponsabilidad.
7. Desde su punto de vista, ¿en qué aspectos afecta la corresponsabilidad en la vida laboral de una mujer empresaria?

Hay que insistir por tanto en el desarrollo de medidas que favorezcan la incorporación de los hombres en la denominada "ética del cuidado", entendida como la conciencia plena y moral de la responsabilidad compartida entre ambos sexos. La aceptación por parte de los hombres de su responsabilidad familiar pondrá fin a la feminización de la conciliación, hecho por el que se apuesta pero del que queda mucho trabajo pendiente.

Algunos de los cambios experimentados en los últimos años en la sociedad y en las familias españolas continúan dificultando la corresponsabilidad. Valorando el incremento de la esperanza de vida, el trabajo de ambos miembros de la unidad familiar o el aumento de familias monoparentales, junto con las exigencias de las organizaciones empresariales que comprenden largas jornadas, disponibilidad a tiempo completo y escasa flexibilidad, surge un argumento para sustentar la necesidad de luchar por la corresponsabilidad.

 Sabía que...

La ética del cuidado es un concepto usado en temas de igualdad y corresponsabilidad y se refiere a la conciencia moral de lograr una corresponsabilidad entre ambos sexos.

5.1. Organismos y actuaciones en favor de la corresponsabilidad

Las Administraciones Públicas entienden cada día de forma más clara, la necesidad de hacer patentes en nuestra sociedad conceptos como conciliación o corresponsabilidad. De hecho, se lleva varios años hablando y debatiendo sobre el tema, especialmente en las esferas sociales de igualdad. Sin embargo, su cristalización está aún por determinar.

Se ha avanzado mucho en materia de corresponsabilidad pero aún queda mucho por hacer. En este sentido se han creado leyes que impulsan medidas para facilitar la conciliación de la vida laboral, personal y familiar. Además, numerosas empresas implantan estas medidas y se desarrollan programas y actuaciones con la intención de promoverlas anualmente.

A continuación, se explican las funciones de una de las entidades más relevantes al respecto, la Secretaría de Estado de Igualdad y Contra la Violencia de Género. Esta Secretaría tiene como principales funciones las siguientes:

- Proponer y desarrollar las políticas del Gobierno en materia de igualdad, de prevención y eliminación de toda clase de discriminación de las personas por razón de sexo, origen racial o étnico, religión o ideología, orientación sexual o identidad de género, edad, discapacidad o cualquier otra condición o circunstancia personal o social, y de erradicación de las distintas formas de violencia contra la mujer, así como la violencia ejercida contra personas lesbianas, gais, bisexuales, transexuales e intersexuales (LGBTI) y dentro de la relaciones afectivas de estas.

- Coordinar las políticas de la Administración General del Estado en materia de igualdad de trato y de oportunidades, con especial referencia a la igualdad entre hombres y mujeres, así como desarrollar políticas de cooperación con las administraciones de las comunidades autónomas y entidades locales en materias de su competencia, sin perjuicio de las competencias atribuidas a otros Departamentos.

- Proponer, elaborar y desarrollar las normas, actuaciones y medidas dirigidas a asegurar la igualdad de trato y de oportunidades, especialmente entre mujeres y hombres, y fomentar la participación social, política y económica de las mujeres. Supervisar la aplicación y desarrollo normativo de las leyes de Igualdad y Violencia de Género (Ley Orgánica 3/2007, de 22 de marzo, para la igualdad efectiva de mujeres y hombres, Ley Orgánica 1/2004, de 28 de diciembre, de Medidas de Protección Integral contra la Violencia de Género y Ley 15/2022, de 12 de julio, integral para la igualdad de trato y la no discriminación).

Actuaciones de sensibilización y divulgación

Además de este necesario cambio de mentalidad, la consecución de la conciliación requiere medidas de concienciación y sensibilización y de recursos destinados a su aplicación, por parte de las instituciones públicas. Estos cambios se están planteando a lo largo de los años y algunos han conseguido un avance con el paso del tiempo. Consistiría en fomentar lo que se denomina "buenas prácticas", es decir, medidas, acciones y normas encaminadas a favorecer la corresponsabilidad en términos de prácticas positivas y adecuadas en la sociedad.

Entre las medidas sociales que se están desarrollando, en términos generales, por parte de las instituciones públicas para sensibilizar y divulgar la corresponsabilidad, destacan las que se describen a continuación.

Campañas de sensibilización

Estas campañas están destinadas a la población, en general; entre ellas son significativas:

- Charlas divulgativas en las que se expliquen ventajas de la conciliación y la corresponsabilidad a grupos de personas o entidades comprendidas por hombres y mujeres. En ellas se pretende, básicamente, dar a conocer tanto el concepto como las ventajas de la corresponsabilidad entre hombres y mujeres.
- Unidades didácticas de coeducación, mediante la elaboración de actividades pedagógicas y educativas diversas tendentes a proporcionar medios y recursos técnicos a otros profesionales que trabajan en estos ámbitos. La coeducación ha de entenderse tanto en el ámbito educativo como profesional, a través de las mismas empresas que desarrollen programas de coeducación en adultos y trabajadores.
- Ferias, congresos o exposiciones de talleres interculturales y de intercambio de roles que permitan a mujeres y hombres descubrir las ventajas de la corresponsabilidad. Se pueden desarrollar de manera provincial, autonómica, nacional y de forma internacional. Esto último supondría un importante avance para países como España para poder obtener ejemplos de otros países en los que tanto la sociedad como las personas a nivel individual están más avanzadas en este sentido.
- Elaboración de juegos de mesa didácticos con contenido referido a la conciliación en el ámbito doméstico y familiar. Ello permitiría ir abriendo camino entre menores que puedan crecer con la idea de la corresponsabilidad como herramienta básica para potenciar la igualdad con sus futuras parejas. Al mismo tiempo, permitiría una educación interfamiliar.
- Incorporar imágenes de corresponsabilidad en todas las actividades de igualdad que se desarrollen por parte de la administración y en las que tenga cabida esta corresponsabilidad.
- Reuniones informativas por parte de entidades públicas como ayuntamientos, colegios o servicios sociales, que promuevan la divulgación de estas medidas entre padres, madres, hijos y ciudadanos.

Distribución de folletos explicativos

La elaboración de folletos en los que se dé a conocer la corresponsabilidad y que sean distribuidos en puntos estratégicos de la ciudad por la afluencia de personal. Se pueden repartir en lugares más frecuentados por hombres, como suelen ser gimnasios o encuentros deportivos, al tiempo que en lugares más "típicos" de afluencia femenina, tales como mercados, centros comerciales o colegios.

Sabía que...

La creación de juegos de mesa puede ser un recurso didáctico importante para fomentar una visión de corresponsabilidad entre toda la familia.

Talleres de reparto de tareas dirigidos a mujeres y hombres

El objetivo de los denominados talleres de intercambio de tareas y responsabilidades ha de estar enfocado a generar un cambio de mentalidad y comportamiento de los participantes, que serán tanto hombres como mujeres. El propósito es intercambiar tareas o responsabilidades que tradicionalmente se han adjudicado bien a hombres o a mujeres.

En este sentido, para los hombres se organizan módulos de cocina, de limpieza, costura y plancha, tareas que no suelen realizar en su mayoría. Por otro lado, para las mujeres las actividades se enfocarán al aprendizaje de arreglos de fontanería, carpintería, bricolaje, electricidad, albañilería o automóvil. Estas actividades suponen destrezas no desarrolladas en la gran mayoría del sexo femenino.

La finalidad real de estos talleres no se sustenta en la práctica de actividades que normalmente no están acostumbrados o acostumbradas a realizar porque se enmarcan como típicas del otro sexo, sino que más bien el fin último debe ser la promoción de un cambio de actitudes y comportamientos en relación con la conciliación de las responsabilidades domésticas y familiares.

Charlas, talleres y concursos para concienciar a la población infantil y juvenil

Los beneficios de conseguir concienciar a los jóvenes en temática de igualdad están directamente relacionados con sentar unas bases en la igualdad de género de una forma temprana, de manera tal que vivan esa corresponsabilidad desde edades precoces. Esto se puede conseguir a través de la coeducación, que puede plantearse desde nuestro sistema educativo.

Para ello, se ponen en marcha campañas divulgativas en colegios que son llevadas a cabo por profesionales de los mismos centros, bien por profesores que imparten las áreas instrumentales a los menores o bien por expertos externos.

Entre las acciones que se realizan en los centros escolares se señalan:

■ Representaciones teatrales y de guiñol que conjuguen el papel de hombres y mujeres en la sociedad. En ellas pueden hacerse partícipes los mimos jóvenes.
■ Talleres de sensibilización por edades.
■ Concursos de cuentos en los que sean los mismos alumnos los que relaten historias coeducativas.
■ Proyección de películas infantiles con contenido de igualdad y corresponsabilidad.
■ Edición de juegos de mesa que aludan al reparto equitativo de responsabilidades desde ambos sexos, como modo de compaginar las tareas diarias entre los cónyuges.

Análisis y actuaciones en diferentes contextos de intervención (salud y sexualidad, educación, ocio, deporte, conciliación de la vida personal, familiar y laboral, movilidad y urbanismo y gestión de tiempos)

 Importante

Las campañas de sensibilización en centros escolares son herramientas poderosas para concienciar a los jóvenes y enseñarles a vivir respetando la igualdad y el reparto equitativo de responsabilidades familiares y laborales entre hombres y mujeres.

 Aplicación práctica

Desde el ayuntamiento se están planteando medidas para divulgar y sensibilizar a la población acerca de la corresponsabilidad. Le piden, como trabajador del área de _marketing_, asesoramiento para usar algunos métodos divulgativos enfocados a adultos. Anteriormente se han puesto en marcha algunas medidas en colegios con adolescentes.

Indique las medidas en que asesoraría a su responsable para fomentar una adecuada divulgación y sensibilización de la población de su localidad.

SOLUCIÓN

Las medidas a plantear estarían en relación a las necesidades de su ayuntamiento y a las posibilidades reales de actuación con que se cuentan. Por ello, será necesario realizar una evaluación previa antes de plantear medidas. A modo de ejemplo, algunas de las actuaciones que quizás puedan ponerse en marcha son:

- Charlas en las que se invite a algún experto en el tema en las que se trate de atraer a hombres y mujeres, con una invitación a aperitivo, por ejemplo.
- Elaboración de folletos divulgativos tanto de estas charlas como, a modo general, de la corresponsabilidad, basadas en entender su concepto y ventajas.
- Organizar un taller intercultural con otros municipios o capitales que estén a favor de promover la corresponsabilidad.
- Publicitar a través de la televisión local anuncios referentes a esta temática.
- Informar al personal del ayuntamiento, en primer lugar, de esta medida, tratando de sensibilizar al personal de manera previa.

Actuaciones de intervención

Desde las instituciones se están poniendo en funcionamiento, desde hace años, diversas medidas que son denominadas "Acciones positivas" a favor de la consecución de la igualdad entre mujeres y hombres.

La Comisión Europea concibe las acciones positivas como aquellas medidas con las que se pretende prevenir o compensar desigualdades de género. Estas acciones desempeñan un papel importante para las mujeres como medio de igualdad de género, debiendo ser promovidas por las instituciones públicas.

Entre las acciones que la Administración está desarrollando destacan las que se describen a continuación.

Los servicios infantiles y juveniles

Hacen referencia a los servicios que son ofertados por los propios centros de educación infantil como recursos para ayudar a hacer compatible la participación en el mundo laboral y el cuidado de los hijos, mediante la creación, en todas las localidades, de centros de educación infantil de 0 a 3 años, junto con servicios de aulas matinales y actividades extraescolares.

Estas medidas han supuesto un avance pero no responden al modelo social en que se basa la regulación laboral, ya que se describe una falta de coordinación entre los horarios escolares y laborales o los periodos vacacionales, no permitiendo compaginar ambos de forma absoluta.

Por ello, hay que seguir luchando para acomodar, de algún modo, el horario escolar y la jornada laboral. Este problema es asumido casi exclusivamente por las mujeres en el marco de la unidad familiar, lo cual repercute en su plenitud y desarrollo profesional. En otros casos, las familias recurren a otros miembros de la unidad familiar, principalmente los abuelos, para compensar esta desigualdad horaria o bien algunos menores regresan solos de los centros escolares, con la consiguiente repercusión educativa y moral que puede conllevar.

Además, otra cuestión sumamente importante será promover los espacios de ocio y tiempo libre que complementen las carencias horarias. Estos espacios comprenderían desde ludotecas, casas de niños y niñas, campamentos de vacaciones o colonias. Actualmente, y en su mayoría, están siendo asumidos por entidades privadas que ofrecen el apoyo a las familias, pero que suponen un gasto económico elevado al no estar subvencionadas por la Administración pública.

 Actividades

8. Busque información sobre aulas matinales y actividades extraescolares que se realicen en dos centros educativos de su localidad. Reflexione sobre el horario que tienen, localización, coste, etc., para pensar si son efectivas respecto al trabajo de la mujer.
9. Investigue sobre centros de ocio y tiempo libre en su localidad que den respuesta a las carencias horarias de los centros escolares y que pretenden dar cabida a las necesidades laborales de las familias. Busque aquellos que existen para conocer de cuántos se dispone, el horario que tienen y su coste. Piense en la alternativa que puede ser para las carencias que no cubran los centros escolares con sus aulas matinales y actividades extraescolares.

Atención a las personas dependientes

Se está produciendo un envejecimiento generalizado en la población debido al descenso de la natalidad y de la prolongación de la esperanza de vida. Esto está haciendo que las necesidades familiares no se limiten únicamente al cuidado de los hijos y las hijas, sino que se complementen con las necesidades de los mayores dependientes que quedan a cargo de las familias. Esta función, una vez más, es ejercida por las mujeres.

Esta descripción de la realidad invita al necesario replanteamiento de las políticas públicas destinadas a apoyar a aquellas familias con personas dependientes a su cargo, para hacer posible, en ese caso, la combinación de familia y empleo. Para ello, se hacen necesarias algunas medidas, tales como:

■ **Ayuda a domicilio:** es una herramienta fundamental para que las familias puedan compatibilizar su desarrollo profesional y laboral con su vida familiar. Esta medida ha sido establecida ampliamente en numerosas familias pero aún queda mucho por hacer, especialmente por el descenso que ha tenido en los últimos tiempos debido a la reducción presupuestaria.

■ **Promover la ampliación de plazas residenciales y centros de día:** especialmente los centros de día se convierten en un recurso fundamental para la conciliación junto con un medio para los mismos mayores que cuentan con lugares de ocio, culturales, deportivos, lúdicos...

■ **Fomentar servicios de acompañamiento:** medidas destinadas a los mayores que han de permanecer en el hogar.

Programas concretos

Desde el Ministerio de Igualdad se establece a nivel nacional, como ya se ha mencionado, la Secretaría de Estado de Igualdad y para la Erradicación de la Violencia contra las Mujeres, de la que a su vez dependen la Delegación del Gobierno Contra la Violencia de Género, el Instituto de las Mujeres y, la Dirección General para la Igualdad de Trato y No Discriminación y contra el Racismo y la Dirección General para la Igualdad real y efectiva de las personas LGTBI+. Estos organismos son los encargados de ejecutar la directrices a nivel nacional; no obstante, a nivel de Comunidades Autónomas y posteriormente de provincias se van materializando y tomando forma cada una de las medidas adoptadas.

 Sabía que...

Al Ministerio de Igualdad también se encuentra adscrito el Consejo de Participación de las Mujeres.

En el marco del Convenio suscrito el 29 de noviembre de 2017, entre el Instituto de la Mujer y para la Igualdad de Oportunidades (IMIO) y la

Federación Española de Municipios y Provincias (FEMP), para el desarrollo de actuaciones en materia de igualdad de oportunidades por parte de Entidades Locales asociadas a la Federación, la FEMP publica anualmente las bases que regulan la concesión de ayudas a las Entidades locales que desarrollen actuaciones dirigidas a promover la transversalidad de género en la planificación y desarrollo de políticas locales, con especial incidencia en el desarrollo e implementación de planes en materia de conciliación y corresponsabilidad.

A modo de ejemplo, en la convocatoria de 2023 podían recibir ayudas aquellas Entidades Locales asociadas a la FEMP que tuvieran una población inferior a 100.001 habitantes y que reunieran los requisitos que se establecía en la citada convocatoria.

Las Entidades solicitantes debían acogerse a una de las modalidades definidas en la convocatoria y las actuaciones objeto de financiación debían dar respuesta a las líneas de trabajo especificadas en cada modalidad.

- **Modalidad A:** dirigida a apoyar la elaboración de Planes, Estrategias y otras Actuaciones de Igualdad para la construcción de marcos sobre los que se instalen las acciones que promuevan la igualdad en los municipios de menor población. Podían presentar solicitud las entidades locales con población igual o inferior a 10.000 habitantes y que tuvieran una tasa de menores de 3 años y/o de mayores de 65 años superior al 3 %, según las categorías siguientes:

  - Ayuntamientos de municipios con población menor de 5.001 habitantes.
  - Ayuntamientos de municipios con población de 5.001 a 10.000 habitantes.
  - Diputaciones Provinciales, Cabildos y Consejos Insulares y otras agrupaciones municipales.

- **Modalidad B:** dirigida a impulsar acciones específicas que promovieran la Conciliación de la vida personal, familiar y laboral y la Corresponsabilidad entre mujeres y hombres en municipios con población de entre 10.001 y 100.000 habitantes y que contaran con planes estratégicos de igualdad y conciliación.

Importante

Las ayudas para actuaciones dirigidas a facilitar la puesta en marcha de acciones que fomenten la transversalidad de género en la planificación y desarrollo de las políticas locales y para la implementación y progreso de los planes en materia de conciliación y la corresponsabilidad son gestionadas por el Instituto de las Mujeres y la Federación Española de Municipios y Provincias.

Para ambas modalidades se destinaron la cantidad de 250.000 € que se distribuyó según los siguientes tramos de población:

- **Modalidad A.** Para esta modalidad se destinaron los siguientes importes:

  - Un máximo de 50.000 €, cantidad máxima para la concesión de 10 ayudas de 5.000 € cada una, destinadas a actuaciones a desarrollar por Ayuntamientos con una población inferior a 5.000 habitantes.
  - Un máximo de 60.000 €, cantidad máxima para la concesión de 10 ayudas de 6.000 € cada una, destinadas a actuaciones a desarrollar por Ayuntamientos con población de 5.001 a 10.000 habitantes.
  - Un máximo de 15.000 €, cantidad máxima para la concesión de 2 ayudas de 7.500 € cada una, una destinada a actuaciones a desarrollar por Diputaciones Provinciales, Cabildos, Consejos Insulares y otras agrupaciones de municipios.

- **Modalidad B.** Para esta modalidad se concedieron los siguientes importes:

  - 50.000 €, cantidad máxima para la concesión de 10 ayudas, que no superarán los 5.000 € cada una, destinadas a actuaciones a desarrollar por Ayuntamientos de municipios con una población igual o inferior a 10.000 habitantes.
  - 60.000 €, cantidad máxima para la concesión de 10 ayudas, que no superarán los 6.000 € cada una, destinadas a actuaciones a desarrollar por Ayuntamientos de municipios con una población de 10.001 a 20.000 habitantes.

■ 15.000 €, cantidad máxima para la concesión de 2 ayudas, que no superarán los 7.500 € cada una, destinadas a actuaciones a desarrollar por Ayuntamientos de municipios con una población de 20.001 a 100.000 habitantes.

6. Procedimientos de desarrollo de actuaciones para facilitar la vida cotidiana de las personas

La vida cotidiana es algo que está lleno de actividades, preocupaciones, inquietudes y realidades que comprende actuaciones tan diversas como el trabajo, la salud, la economía, los hijos y las tareas diarias. El equilibrio entre estos aspectos depende en gran parte de los acuerdos internos entre los miembros del hogar para la distribución de responsabilidades. Para facilitar la vida cotidiana de las mujeres, una cuestión clave será la ruptura con la asignación de roles, así de la misma manera que las mujeres se van incorporando en la esfera pública, los hombres deben ir asumiendo sus responsabilidades en la esfera privada.

Las personas, tanto hombres como mujeres, tienen una vida diaria cargada de responsabilidades y funciones. Es importante que se piense en el hecho de que se puede o bien disponer de ciertas actividades o bien centrarse por falta de tiempo solo en alguna de ellas. Hay que tener presente que todos los miembros de la familia necesitan tiempo para compaginar todas sus cuestiones: tiempo para trabajar, para descansar, tiempo para incrementar su formación, para cuidar de los demás y, por supuesto, tiempo para divertirse.

Poder disponer de todos estos tiempos será la primera puerta para facilitar la vida cotidiana. El hecho de que una persona deba sacrificar su tiempo en algunas de las cuestiones descritas para compensarlo con otras, está, cuanto menos, dificultando su vida diaria y su calidad de vida. Para cada persona puede tener la misma importancia el tiempo dedicado al trabajo remunerado que al doméstico, a la formación o al ocio. La cuestión está, por un lado, en determinar prioridades y, por otro, en tener al alcance de la mano la posibilidad de todos los tiempos para disfrutarlos.

Es necesario avanzar en el reparto de responsabilidades para facilitar la vida diaria tanto de hombres como de mujeres. Esto conduce una vez más a hablar de conciliación como algo positivo que contribuye al bienestar personal y a la calidad de vida. La cuestión es que conciliar requiere una negociación entre personas que tienen unos intereses y que deben respetarse por igual.

 Recuerde

Para facilitar la vida cotidiana de una persona es necesario que pueda disponer de tiempo para diferentes cosas relacionadas con el trabajo, el hogar y el ocio.

Una vida diaria plena, satisfecha, en la que la persona se sienta realizada permitirá desarrollar cualidades tales como la paciencia, aspecto que a veces se torna difícil con los hijos, la empatía y escucha con otras personas de nuestro alrededor que necesitan nuestra ayuda, la sensibilidad y comprensión de aspectos como el que se describe en este capítulo, la corresponsabilidad. Por ello, si se facilita la vida diaria de las personas se conseguirá como fin último, no solo su satisfacción personal sino también la posibilidad de aplicar estas cualidades en otros contextos.

La conciliación y la corresponsabilidad llevan consigo de la mano un crecimiento personal junto con una calidad de vida. Si se apuesta social y políticamente por ellos se sentarán las bases para hacer más fácil y amena la vida cotidiana de las personas. Entre los beneficios que comporta la corresponsabilidad de cara a la facilitación de la vida destacan los que siguen:

- Mejorar la calidad de vida y el bienestar de las personas al introducir una filosofía distinta con respecto a la gestión de los tiempos. En este sentido se entiende que los tiempos se reparten dejando paso a otras esferas vitales, además del trabajo. El trabajo deja de ser el eje central que gobierna el resto de esferas y se reserva un espacio para el desarrollo pleno personal y para la participación social y/o política, tanto para hombres como de mujeres.

- Estimular la consecución de la igualdad de oportunidades entre mujeres y hombres, fomentando una mayor participación de ambos sexos en la sociedad actual; participación que se refleja mediante una doble vía, la integración de las mujeres en el mercado laboral y la intervención de los hombres en el ámbito doméstico y familiar.
- Ayudar a fortalecer el sistema democrático de un país en el sentido de que hace posible el ejercicio de los derechos de ambos sexos. Al aprovechar todos los recursos humanos a nivel social, se mejora el sistema productivo de una nación. De forma indirecta, se potencian los talentos y se refuerza la imagen positiva de la empresa hacia el exterior.

Según la "Guía de buenas prácticas para la incorporación de la igualdad entre mujeres y hombres en el ámbito local" del Instituto de las Mujeres (2023), una de las cuestiones básicas para facilitar la vida cotidiana de las mujeres será disponer de recursos para la atención de los menores, facilitando la distribución de tiempos, la conciliación laboral y el tiempo libre.

En este sentido sería importante que entidades locales articularan las políticas públicas para crear servicios de cuidado a menores (como ludotecas por ejemplo), partiendo de su promoción e incentivando el uso de los mismos. Estos servicios se deberían ofrecer especialmente durante los periodos de tiempo en los que existe incompatibilidad entre los horarios laborales y los horarios escolares. Una cuestión importante es el coste asequible de los mismos para las familias y la flexibilidad en su uso. Además de la provisión que ya se dispone de servicios de cuidado de menores, las entidades locales continúan abogando por mejorar la gestión de los mismos, con objeto de conseguir la máxima cobertura de manera eficiente y efectiva.

De igual modo, el estudio de las buenas prácticas refleja la importancia de otro punto clave en las responsabilidades de la mujer, el cuidado de familiares dependientes. Así, indica que los ayuntamientos están siguiendo varias líneas de actuación para fomentar y mejorar este ámbito. Con ello se pretende desarrollar toda una serie de actuaciones que faciliten la vida diaria, especialmente de las mujeres que se responsabilizan de lo que implica el trabajo no remunerado. Entre las actuaciones destacan la provisión de servicios para las personas dependientes, incluyendo personas mayores y discapacitados. Con ello se mejora, tanto la calidad de vida de la persona enferma o dependiente como la vida cotidiana de la persona cuidadora. Ofreciendo estos servicios se aboga por que las personas dependientes puedan vivir el mayor tiempo posible en su domicilio y en su entorno familiar sin necesidad de que la mujer deba renunciar a su trabajo o a parte de su jornada laboral para atenderlos.

 Sabía que...

Una vida diaria con satisfacciones y bienestar personal permite a la persona desarrollar cualidades tales como la empatía hacia los demás, la comprensión, la paciencia y la sensibilidad.

Otras cuestiones relacionadas con la vida cotidiana y la facilitación de la misma, van más allá de las responsabilidades hacia otras personas y se centran en la esfera de los servicios ofrecidos a los ciudadanos por la Administración. Se hace referencia en este caso a las infraestructuras urbanas, la seguridad ciudadana y el transporte. Como consecuencia de sus nuevas demandas de incorporación al empleo remunerado, se observa que las mujeres tienen necesidades que chocan con la estructura física de las ciudades. Estas nuevas necesidades tienen lugar a todos los niveles: regional, urbano, de barrio, de entorno inmediato de la vivienda y del propio interior de la vivienda.

Si se pretende, por tanto, que la mujer se incorpore al mundo laboral de forma plena y sin tener que renunciar a sus necesidades, se torna fundamental una planificación urbana adecuada que permita realizar una inversión en infraestructuras que faciliten la compatibilización entre la vida laboral y las tareas domésticas. A modo de ejemplo, se podría dar prioridad al transporte privado para la mujer o bien facilitar la accesibilidad del transporte público y relacionarlo con sus necesidades.

Los datos empíricos de los que se disponen sobre tiempos de desplazamiento, acceso a vehículos privados y posibilidad de acceder a un empleo, presentan variaciones significativas entre sexos y entre barrios, ciudades y países.

Las mujeres encuentran más diversidad en cuanto a sus responsabilidades diarias. Como resultado de ello, tienen unos patrones de movilidad más complejos que los hombres, al tener que realizar más actividades. Esto hace referencia al empleo, la compra, la recogida de los niños, etc. En este sentido, las mujeres realizan movimientos de tipo poligonal, a diferencia de los hombres, que realizan movimientos predominantemente pendulares, de un lado a otro. Más bien, las mujeres son las principales usuarias del transporte público, encadenan más viajes, el recorrido de sus distancias diarias suele ser más corto, sus desplazamientos suelen girar en el entorno de la vivienda y hacen muchos de sus viajes acompañando a otras personas que carecen de autonomía personal.

Sin embargo, los transportes públicos giran en torno a horas punta relacionadas con los horarios laborales, horarios que son, en parte, referentes del sexo masculino. Por ello, la mayor afluencia de transporte público suele coincidir con entradas y salidas laborales, sin embargo esas movilidades no siempre coinciden con las necesidades de la mujer que se encarga del trabajo no remunerado.

7. Resumen

El trabajo no remunerado es un hecho aún no aceptado socialmente, a pesar de ello, se está abogando para que sea cuantificado y, de algún modo, reconocido políticamente. Las mujeres dedican parte de su vida diaria a las tareas domésticas, el cuidado del hogar, los hijos y los familiares dependientes. Además de ello, en ocasiones, trabajan fuera de casa con lo que su cadena de tareas aumenta.

El uso de los tiempos de hombres y mujeres es por tanto diferente. Mientras que los hombres se dedican más al trabajo y al ocio, las mujeres continúan dejando en segundo lado ambos aspectos por cuidado del hogar y las responsabilidades familiares. Sin embargo, las Administraciones están introduciendo leyes, normas y principios para facilitar la vida cotidiana de las mujeres y permitir la integración laboral efectiva.

Muestra de ello es lo que se conoce como corresponsabilidad, que implica una responsabilidad compartida entre hombres y mujeres, una responsabilidad plena, que supere los límites de la ayuda subsidiaria por parte del hombre hacia la mujer.

Ejercicios de repaso y autoevaluación

1. **Entre las actuaciones que se realizan para sensibilizar y divulgar la corresponsabilidad destacan:**

   a. Campañas de sensibilización a la población general.
   b. Charlas divulgativas para concienciar a jóvenes.
   c. Folletos divulgativos.
   d. Todas las opciones son correctas.

2. **Indique si la siguiente afirmación es verdadera o falsa:**

   a. Destacando como medida divulgativa de la corresponsabilidad las charlas a menores, se entiende que una de las actividades pueden ser las representaciones teatrales en las que puedan participar como personajes los mismos alumnos.

   ☐ Verdadero
   ☐ Falso

3. **Dentro de las Ayudas para el fomento de la conciliación que gestiona el Instituto de las Mujeres (IMs) y la Federación Española de Municipios y Provincias (FEMP). Existen dos modalidades, ¿cuáles son y en qué consisten?**

   _____
   _____
   _____
   _____
   _____
   _____
   _____

4. El trabajo no remunerado comprende:

a. Cuidados personales y quehaceres del hogar.

b. Cuidados personales, quehaceres domésticos del hogar, tareas de cuidado (niños, personas enfermas, dependientes) y trabajo voluntario, como el que se realiza en las comunidades, fundaciones de ayudas sociales, organizaciones religiosas, patronatos escolares...

c. Cuidados personales, quehaceres del hogar y trabajo voluntario.

d. Únicamente cuidado de los hijos menores de edad.

5. Complete la siguiente oración.

Algunos estudios demuestran que la cantidad de trabajo total que mujeres y hombres dedican al trabajo en sentido remunerado más no remunerado es superior en

_____.

6. El trabajo doméstico se caracteriza por:

a. Ser un trabajo con escasa remuneración económica.

b. Ser un trabajo sin remuneración monetaria, que no está valorado social ni económicamente, que no tiene horario delimitado ni reglamento y que no produce reconocimiento ni ningún tipo de derecho.

c. Carecer de hombres que lo desempeñen.

d. Ser un trabajo compartido en algunos países nórdicos por hombres y mujeres.

7. El programa CO-RESPONDE, cuya finalidad es potenciar la corresponsabilidad, es desarrollado por:

a. La Asociación de mujeres a favor de la corresponsabilidad.

b. La Asociación de hombres por la igualdad de género (AHIGE).

c. La Asociación de mujeres feministas de España.

d. Es un programa irreal.

8. Relacione las siguientes actividades con las características que las definen.

a. Necesidades fisiológicas

b. Actividades de ocio

   c. Actividades de estudio y trabajo
   d. Otras englobadas en "pasar el rato"

   __ Se le suele dedicar un cuarto de la jornada
   __ Tiempo dedicado a tareas no específicas
   __ Relacionadas con nuestros gustos o deseos
   __ Se le dedica la mitad de la jornada

9. **En lo que respecta a las repercusiones del trabajo no remunerado en la mujer, relacione las repercusiones con aquello que las caracteriza:**

   a. Repercusiones socioeconómicas
   b. Repercusiones personales
   c. Repercusiones familiares

   __ Insatisfacción, culpabilidad, inutilidad.
   __ Insatisfacción en las relaciones de pareja.
   __ Menor disponibilidad de ingresos propios.

10. **Entre los beneficios de la corresponsabilidad se encuentran:**

   a. Mejora la calidad de vida y el bienestar de las personas.
   b. Estimula la igualdad de oportunidades entre hombres y mujeres y ayuda a fortalecer el sistema democrático.
   c. Impide la participación compartida entre ambos sexos.
   d. Las opciones a y b son correctas.

Aplicación de acciones en materia de salud y sexualidad, educación, ocio, deporte, conciliación de la vida personal, familiar y laboral, movilidad y urbanismo y gestión de tiempos con perspectiva de género

Contenido

1. Introducción

El concepto de salud integral basado en la perspectiva de género es un concepto amplio que abarca tanto la salud física, psicológica, social como emocional de la mujer. Uno de los aspectos fundamentales de la misma comprende la salud reproductiva y sexual en las mujeres, lo cual ha sido ampliamente desarrollado debido a ser una de las variables más estudiadas a lo largo de los años. A pesar de ello, el enfoque que se le ha dado tradicionalmente se ha basado más bien en el tema reproductivo y maternal. Desde la Organización Mundial de la Salud se está apostando por la aprobación de normativas y el desarrollo de proyectos que hagan factible la igualdad de roles y la conciliación.

Otro de los aspectos básicos en materia de igualdad se enfoca al ámbito del urbanismo entendiendo este como un compendio de factores que comprenden desde el uso del transporte, la seguridad en el espacio público, la vivienda, la actividad económica y la contribución por sexos a la misma, el comercio y el ocio como modo de bienestar físico y emocional en mujeres y hombres.

2. Aplicación del concepto de salud desde una percepción biopsicosocial y de género

El enfoque de género es un valor emergente que cada día se está ampliando y desarrollando en diferentes normativas. Fue recogido de forma concreta en la Ley Orgánica 3/2007, de 22 de marzo, para la Igualdad efectiva de mujeres y hombres. Cuyo artículo 27 estipula la integración del principio de igualdad en la política de salud y equidad entre hombres y mujeres, evitando que por sus diferencias biológicas se produzcan discriminaciones.

A su vez, y según términos de la Organización Mundial de la Salud, el género es considerado un determinante de salud que está vulnerado precisamente por la variable sexual.

Por otra parte, la Organización Mundial de la Salud habla de transformación social y personal, encuadrándola dentro del concepto de salud integral, que permite contemplar la influencia del contexto social y de la experiencia subjetiva en las formas de enfermar. De este modo, no se entiende solo lo biológico, sino también los factores psicosociales y los de género, como aquellos factores generales que determinan la vulnerabilidad de las personas. El modelo biopsicosocial de atención a la salud incluye además entre los factores psicosociales aquellos determinantes de género.

La Organización Mundial de la Salud establece que para conseguir los más altos niveles de salud es crucial que las políticas sanitarias reconozcan que las mujeres y los hombres tienen diferentes necesidades, obstáculos y oportunidades. Estas diferencias son debidas a sus desigualdades biológicas y a sus roles de género. Para aplicar, por tanto, el concepto de salud basada en el género es fundamental promover la equidad en la atención primaria, disponer de igualdad en los recursos diagnósticos y terapéuticos y, fundamentalmente, que estos sean adecuados a las necesidades diferenciales de hombres y mujeres.

El concepto de atención biopsicosocial va unido al de salud integral en el sentido de que alcanzar una visión integral de la salud implica que se tengan en cuenta tanto los factores determinantes de la biología, los determinantes sociales, junto con los psicológicos.

2.1. Principales características de la salud desde la perspectiva psicosocial

Siguiendo el modelo de Sara Velasco (2009) cuando se habla de percepción biopsicosocial de género, es importante añadir a la práctica clínica, dos objetivos:

1. Realizar práctica clínica de calidad y equidad evitando los sesgos de género. Para ello, es crucial tener presente dos cuestiones fundamentales:

   ▪ Visibilizar y atender las necesidades diferenciales por sexos, ya que está comprobado que existe morbilidad diferencial femenina y masculina.
   ▪ Controlar y minimizar los sesgos de género en la clínica, para evitar no responder a las necesidades de hombres y mujeres de manera equitativa.

2. Transformar los procesos psicosociales de género determinantes de salud. La cuestión clave es que los procesos psicosociales de género, entendidos como roles, contribuyan a determinar la enfermedad.

 Nota

La Organización Mundial de la Salud considera un índice fundamental para el fomento de la igualdad en la salud, el hecho de que se reconozca que las mujeres tienen diferentes necesidades y obstáculos en relación con los hombres; por ello apostará en sus políticas de salud.

Para alcanzar estos objetivos, basados en la percepción biopsicosocial de género aplicado al concepto de salud, se necesitan algunas cuestiones que se convierten en líneas estratégicas. Algunas de estas líneas básicas que han de planificarse de forma transversal serán las que a continuación se describen:

■ Incluir la relación profesional-paciente como instrumento básico de intervención. La relación a la que se refiere es una conexión entre el profesional sanitario y el paciente, que se contempla a nivel sanitario y se puede basar en un vínculo asistencial que tenga como condicionante el sexo. Para que sea posible una intervención transformadora sobre lo biopsicosocial sería importante tratar al paciente como sujeto activo en su proceso de salud/enfermedad y no como objeto del saber. A ello puede contribuir, entre otras cosas:

  ▪ Reconocer a la persona enferma como la que tiene el conocimiento sobre sus padecimientos, reconociendo su experiencia y su dominio del saber.
  ▪ Devolución del control a los y las pacientes, especialmente a las mujeres.
  ▪ Escucha activa de la paciente, sin enjuiciar o quitar importancia a sus quejas.

- Potenciar la participación de la paciente en las decisiones sobre su salud (tratamiento, seguimiento, medicación, etc.).
- Redistribución del poder en la relación profesional-paciente en la medida en que el profesional puede delegar cosas en el paciente que está tratando.

- Visibilizar a las mujeres como activas del problema. Se debe contemplar a la mujer como persona que es capaz de ver, entender e intervenir sobre su problema. Por tanto, es un ser activo que no solo padece la enfermedad, sino que actúa pidiendo ayuda o curación.
- Evitar la *patologización* y medicalización en la práctica clínica. En la sociedad médica se ha tendido a *patologizar* los procesos del ciclo vital. Esto se ha hecho de forma especial en las mujeres, lo cual contribuye a disminuir el control sobre la propia vida. Esta circunstancia viene ocurriendo especialmente en procesos orgánicos relacionados con la mujer y enfocados al ciclo menstrual, maternidad, depresión posparto, prevención de embarazo no deseado, menopausia, etc.
- En cuanto a la prescripción y al uso de los psicofármacos conviene introducir métodos de tratamiento alternativos que pasan por un abordaje biopsicosocial y de género.
- Hacer patente a los profesionales de la salud de las condiciones de género de las personas. Las prácticas clínicas generales tienden a usar un patrón único para ambos sexos, siendo habitualmente el patrón masculino el más aplicado. Hay que apostar por ser conscientes de las diferencias manifiestas entre sexos y promover una práctica clínica no sesgada.
- Incluir de forma consciente y protocolarizada los procesos psicosociales. Es preciso incluir en la práctica clínica los factores psicosociales y determinar los procesos relacionados con los conceptos de salud y enfermedad.
- Entender los roles de género como parte del proceso salud/enfermedad. Entre otras cuestiones, las formas de vida impuestas por los roles que hay que representar son factores predeterminantes de tipo psicosocial para la salud.
- Transformación social y personal en el sentido de intervenir ante una situación social que parte de la desventaja, desigualdad y subordinación de las mujeres. Por este motivo hasta que se alcance dicha transformación es importante que se apueste por estrategias que conduzcan a un cambio personal y social basado en la equidad.

Importante

El término atención biopsicosocial va unido al de salud integral que aglutina los factores biológicos, los determinantes sociales y los factores psicológicos.

El Instituto de las Mujeres, a través de su Programa de Salud y Servicios Sociales, pretende contribuir a incorporar en las políticas de salud una perspectiva biopsicosocial y de género. La finalidad del Instituto es permitir abordar los modelos teóricos basados en la igualdad, las relaciones asimétricas entre ambos sexos, los elementos que determinan la subjetividad y los factores que dificultan el estado de bienestar pleno en la mujer. Con estas finalidades el Programa de Salud del Instituto apuesta por las siguientes líneas de actuación:

- Concienciar y animar a la implementación del *mainstreaming* de género en políticas de salud. Para ello, se basa en la coordinación con los ámbitos central y autonómico.
- Sensibilizar y formar continuamente a profesionales y personal técnico de salud en temática de igualdad y desarrollo biopsicosocial de la salud.
- Promover programas de salud biopsicosocial con mujeres y, especialmente, con colectivos en riesgo de exclusión.
- Potenciar y subvencionar la publicación y difusión de conocimiento sobre la salud de las mujeres, tanto enfocados a profesionales como a mujeres de a pie y a la sociedad en general.

2.2. Determinantes biopsicosociales para la salud

Sara Velasco propone un modelo biopsicosocial con enfoque de género (2009). Son cuatro los factores que, según esta autora, se pueden identificar en este modelo:

- **Factores o determinantes biológicos:** consideran que existe una biología diferencial según el género, así los hombres y las mujeres tienen distinta vulnerabilidad a los factores biológicos (Carme Valls, 2006). Esto les hace manifestar, además, diferentes estilos de vida promovidos por distintas costumbres de género.
- **Factores o determinantes sociales:** dentro de los factores sociales se encuentran los denominados determinantes socioeconómicos, que son los causantes de las desigualdades sociales en la manera de enfermar, especialmente por el trato que pueden recibir tras contraer una enfermedad. En este sentido se puede decir que las desventajas socioeconómicas y culturales afectan más a las mujeres, provocando deterioro de la calidad de vida.
- **Factores o determinantes psicosociales:** con ellos se hace referencia a situaciones o experiencias y modos de vida que colocan a las personas en situación potencialmente vulnerable. Son procesos que conllevan vulnerabilidad, no son, por tanto, factores de riesgo estáticos.
- **Factores o determinantes subjetivos:** dentro de ellos se incluyen las vivencias personales y los significados que cada uno les otorga a las mismas.

 Actividades

1. Reflexione sobre los factores o determinantes psicosociales y ponga un ejemplo de este tipo de factores.
2. Explique con sus palabras las diferencias entre factores biológicos y factores subjetivos poniendo un ejemplo para que se comprendan mejor.

Estos conceptos conducen a un binomio de salud-enfermedad en el que influyen tres aspectos: la biología, el contexto social o entorno y la experiencia subjetiva vivida. Estas tres esferas constituyen un complejo que continúa a lo largo de toda la vida de la persona. Además interactúan entre sí, ya que lo que le ocurre a una persona a lo largo de su vida depende tanto de aspectos biológicos, sociales como psicológicos. En unas personas la influencia de unos aspectos ganará terreno a otros pero los tres serán contribuyentes de la salud de cada una.

Si se habla de la relación sexo-salud y su interacción en el sistema biopsicosocial, se encontrarán arduas diferencias. Cada persona nace con un sexo que va unido a unas realidades anatómicas, a una esfera social con la que se acaba adscribiendo como mujeres y hombres. Durante el proceso de socialización, cada persona aprende a representar los roles asignados. A lo largo de la vida, cada sexo va interiorizando los ideales sociales a través de las experiencias vividas. En suma, se puede afirmar que el sujeto, masculino o femenino, es el habitante del cuerpo en el espacio psíquico y se constituye como tal a partir de la interacción de las tres esferas.

 Recuerde

El Instituto de las Mujeres elabora un Programa de Salud y Servicios Sociales para contribuir a la perspectiva biopsicosocial de género.

2.3. Determinantes psicosociales de género

Estos determinantes son modos de vida o condiciones psicosociales que determinan vulnerabilidad de un género sobre otro. Dependen del modelo de género en que se sustenten, así existen cuatro modelos: modelo de género tradicional, modelo evolucionado en transición de género, modelo procedente de los modos de vida y las condiciones actuales y modelo de género contemporáneo.

Según este enfoque basado en determinantes psicosociales, no se pertenece al género *mujer* u *hombre,* hay dos sexos pero varios modelos de géneros que engloban a ambos. Desde este planteamiento, una persona es del sexo femenino o masculino y funciona en un modelo de género tradicional o bien en un modelo de transición o en el modelo contemporáneo. Todo ello conlleva la idea de que el sexo es entendido como una variable biológica.

Nota

Los determinantes socioeconómicos se entienden como los causantes de que las personas reciban un trato desigual en el momento de enfermar o recibir tratamiento médico. Estos factores son diferentes en hombres y mujeres.

Para analizar la influencia del género como determinante de salud, se debe analizar primero los distintos modelos compuestos por los roles de género y después ver cuáles de estos procesos son protectores de la salud y cuáles producen vulnerabilidad. A continuación, se describen los cuatro modelos fundamentales actuales que determinan los aspectos psicosociales de género:

- **Modelo de género tradicional.** Este modelo ha estado vigente hasta finales del siglo XIX. Se fundamenta en la división sexual del trabajo mediante el apoyo en el sistema patriarcal o jerarquizado de relaciones de género y subordinación de poder.
- **Modelo de género en transición.** Este modelo se desarrolla desde principios del siglo XX y evoluciona gracias al acceso laboral y educativo de las mujeres.
- **Modelo de género contemporáneo.** El avance de la sociedad productiva en la segunda mitad del siglo XX y en el XXI ha dado lugar a este modelo. La base del mismo es la producción y el consumo de los bienes materiales. Desde este modelo el cuerpo se ubica en el primer plano, representando la imagen y el éxito, la belleza y el disfrute. Entiende que hombres y mujeres se unen en parejas para cooperar en los proyectos individuales de ambos. Ello conlleva que el valor de la libertad individual está por encima de la permanencia de la relación.
- **Modelo de género igualitario.** El modelo entiende a la pareja como algo igualitario. Está basado, por tanto, en relaciones comprometidas entre los sexos, en pie de igualdad social e íntima relación.

2.4. Realidades de la práctica clínica con enfoque de género

Los estereotipos de género son entendidos como los causantes de los sesgos en cuanto a la práctica clínica sanitaria. Estos estereotipos están representados en la sociedad y son aceptados socialmente tanto por los profesionales sanitarios como por los pacientes. Suponen, por tanto, el punto de partida contra el que se debe luchar en favor de la igualdad de género en materia sanitaria.

Estos estereotipos, que con frecuencia sesgan las actuaciones procedentes de las intervenciones sociales, están basados en el modelo de género tradicional que refleja y define aspectos tales como:

- Creencia de que las quejas de las mujeres son producto de su debilidad y, por tanto, deben quedar injustificadas.
- Creencia de que las mujeres tienden a pedir ayuda continuamente por su dependencia afectiva.
- Visión de las mujeres como personas mentalmente trastornadas que no necesitan una ayuda extra, ya que es parte de su personalidad.
- Invisibilidad de las mujeres como personas trabajadoras que producen socialmente muchos beneficios, sean remunerados o no.
- Encajonamiento de las mujeres en su función de amas de casa, cuidadoras de enfermos y madres.
- Ausencia en la extrapolación a la mujer de hábitos perjudiciales para la salud en el hombre tales como el tabaco, alcohol, actividad sexual...

Estos estereotipos de género desembocan en un efecto común que se resume en ignorar, minimizar y restar credibilidad a todo lo relacionado con la mujer en el plano de su salud. Hacen referencia a los síntomas que manifiesta tener en el proceso de una enfermedad, los sufrimientos de los que se aquejan y las medidas de tratamiento que piden.

Nota

Las quejas de las mujeres cuando sufren alguna enfermedad pueden ser pasadas por alto por algunos profesionales sanitarios al entender que la mujer se suele quejar de manera injustificada como producto de su debilidad femenina.

Ha estado ocurriendo durante años que cuando una mujer manifiesta en la consulta clínica sanitaria ciertos signos de que está siendo maltratada por su pareja, el profesional o pasa por alto esos síntomas o necesita una confirmación mucho más rigurosa de los mismos para darlos por aceptables. De este modo, el profesional omite los signos y por tanto ayuda a cronificar la situación por la que pasa la mujer maltratada. Este es un ejemplo, pero puede haber muchos que muestren que el trato que se le da a la mujer en el ámbito de la salud no es igualitario al que recibe el hombre.

 Aplicación práctica

Imagine que trabaja en un centro de la mujer en el que se está trabajando la sensibilización y concienciación del personal sanitario que atiende a posibles mujeres víctimas de violencia.

Indique algunas sugerencias basadas en estereotipos sociales sobre la mujer y la salud, que el personal del centro debe tener en cuenta porque va a comenzar a trabajar con este colectivo y no tiene experiencia anteriormente con mujeres.

SOLUCIÓN

Es importante que estos nuevos profesionales tengan en cuenta algunos estereotipos en temas de salud-mujer, especialmente entendiendo que no han trabajado anteriormente y por tanto pueden estar más sesgados por estos estereotipos.

Trabajaría para concienciarles de algunas cuestiones, tales como:

Continúa en página siguiente >>

<< Viene de página anterior

▎ Las quejas de las mujeres no son producto de su debilidad y por tanto deben ser tenidas en cuenta en todo momento.

▎ Las mujeres que piden ayuda lo hacen porque tienen algún motivo.

▎ No pasar por alto ningún indicador, por mínimo que sea, en torno a la violencia.

▎ Las mujeres no son personas mentalmente trastornadas, aunque sí pueden estarlo a consecuencia del maltrato que pueden recibir.

▎ Confirmar los síntomas que manifiesta pero desde una postura que acepte a la mujer y no la infravalore.

---

3. Procesos de observación de la salud integral (física, psicológica, social y emocional) y diferencial de las mujeres del entorno de intervención

A la hora de observar e investigar sobre la salud en la mujer es conveniente distinguir entre dos conceptos que, a menudo, se emplean como sinónimos pero que en realidad no lo son. Si se habla de "diferencia", se refiere expresamente a las diferencias en materia de salud relacionadas o debidas a las características biológicas de los sexos. Hablar de diferencias biológicas podría hacer pensar únicamente en cuerpo o anatomía. Este concepto de "diferencia" se amplía a partir del siglo XIX cuando la rama de la medicina introduce el concepto de "diferencia sexual". Desde este momento, ya no se queda únicamente en constatar las diferencias relativas de los cuerpos físicos sino que se basa en las diferencias sociales entre mujeres y hombres.

Las investigaciones actuales siguen sosteniendo la idea de que las diferencias de salud existentes entre ambos sexos tienen una explicación fundamentalmente biológica. Al analizar las diferencias entre hombres y mujeres, los estudios se basan, junto con el análisis de los factores biológicos, en las desigualdades en salud construidas cultural y socialmente y que, en este caso, son más susceptibles de *modificabilidad.*

Los resultados de estos análisis investigadores demuestran el sesgo que la salud ha tenido desde la perspectiva de género.

De hecho, si se observan los temas de salud así como los métodos utilizados para su estudio, se observa que se basan en una perspectiva androcéntrica, cuestión que verá a continuación.

 Importante

La salud integral de la mujer hace referencia a la salud física, psicológica, social y emocional, entendida como un todo en el que además la mujer tiene sus diferencias respecto al hombre.

Estudiando la salud integral de las mujeres aparecen, en el entorno de observación e intervención, algunos sesgos que no permiten realizar un análisis exhaustivo. Los principales sesgos de género en la investigación en salud se podrían resumir de la siguiente manera:

- Falta de reconocimiento total de los problemas de salud de las mujeres, entendiendo algunas alteraciones como algo inherente al sexo femenino. Esta situación da lugar a graves carencias en cuanto a investigación sobre los problemas de salud específicos de las mujeres. A este respecto existen ejemplos basados en la violencia doméstica, el cáncer de mama, el embarazo, etc.
- Escaso reconocimiento de los factores de riesgo y de protección de forma diferencial para mujeres y hombres. Sería el caso de los sesgos en la investigación sobre la salud laboral.
- Uso en las investigaciones de muestras integradas mayoritariamente por hombres, lo que deriva en un sesgo importantísimo en la investigación de fármacos y tratamientos. Esto conduce o bien a generalizar datos, que no deben extrapolarse a ambos sexos o bien a excluir a la mujer de las ventajas que la experimentación puede reportar en la salud.
- Definición y estudio más fehaciente de enfermedades tradicionalmente "masculinas" como pueden ser las enfermedades cardiovasculares o determinados tipos de cáncer como el de pulmón o el de colon rectal.

3.1. Salud integral de las mujeres. Integración en la salud pública

La atención a la salud de la mujer se ha venido centrando principalmente en los problemas que esta sufre especialmente durante el embarazo y el parto. De hecho, las leyes que estudiaron la salud en la mujer, en un principio, se basaban en aspectos como la maternidad, el embarazo, el parto saludable y la complicación de enfermedades sexuales.

El enfoque de salud pública que se desarrolla en los últimos tiempos se ha basado en el género y ha servido principalmente para comprender mejor los problemas sanitarios de la mujer. Por otra parte, ha permitido determinar formas de abordar estas dificultades en mujeres a lo largo de las diferentes edades. Por ejemplo, hoy en día se sabe que las enfermedades cardiovasculares son una importante causa de mortalidad femenina, al contrario de lo que se pensaba antes. En el caso de desconocer este hecho, se retrasaría tanto el diagnóstico como la búsqueda de tratamiento para las mujeres.

Integrar las perspectivas de género en la salud significa un gran avance al considerar las necesidades de ambos sexos en torno a la investigación pública, teniendo otro punto de promoción para la igualdad de género. De forma indirecta, la integración de las perspectivas de género en la salud pública implica abordar la influencia de los factores sociales, culturales y biológicos en los resultados sanitarios.

 Nota

Uno de los sesgos más importantes en el estudio de la salud integral de las mujeres es la desconsideración de los factores de riesgo en determinadas enfermedades para la mujer.

Son muchas las apuestas que se están realizando en este sentido en la sanidad española, sin embargo una cuestión es el desarrollo normativo y otra su aplicación práctica diaria. Para ello, hay que partir además de la concienciación por parte de la Administración, de una sensibilización profesional que entienda la salud como algo integral y diferenciado en hombres y mujeres. Complementariamente, se hace necesario la implicación tanto de educadores, psicólogos, mediadores y personas individuales que entiendan las diferencias en salud entre sexos.

3.2. Características epidemiológicas en la salud de la mujer

La salud no puede ser tratada de la misma manera en hombres y mujeres. Esto es debido a que, por un lado, las características biológicas, sociales, estilos de vida y responsabilidades son diferentes. Las circunstancias que moldean la existencia social de la mujer se alejan mucho de ser las mismas que para el hombre. Las mujeres viven de manera diferente, lo que conlleva indudablemente que las enfermedades y la exposición a riesgos sea diferente. Como ejemplo de estas desigualdades se pueden destacar los hábitos de alimentación, el ambiente de trabajo, el estrés cotidiano, etc.

 Nota

Los estudios ancestrales sobre la salud en la mujer se basaban casi únicamente en aspectos como la maternidad, el embarazo, el parto saludable y la complicación de enfermedades sexuales.

De hecho, cuando se estudia la salud integral de ambos sexos surge lo que se denomina *perfiles epidemiológicos de género*. Estos perfiles no son más que las diferencias de género en cuanto a enfermedades o padecimientos generales. Si se realiza una clasificación de categorías en cuanto a perfiles epidemiológicos aparecen las tres categorías que se describen a continuación:

- **Exclusivos para cada sexo:** están relacionados con las características biológicas de hombres y mujeres. De este modo, las mujeres son las únicas que sufren ciertas enfermedades tales como cáncer cervicouterino, menopausia o mortalidad tras el parto. En contrapartida, los hombres son los únicos que pueden sufrir cáncer de próstata y hemofilia.

- **Más relevantes en uno de los dos sexos:** se refiere a las causas que, siendo padecidas por ambos sexos, son más frecuentes o probables únicamente en uno de ellos. Se pueden mencionar como ejemplo la mayor tasa de incontinencia urinaria u osteoporosis en el sexo femenino. El hombre, por su parte, sufre más frecuentemente esquizofrenia y enfermedades coronarias.
- **Con características diferentes entre los sexos:** es un perfil de salud que tiene correspondencia con la cultura del individuo que le hace más propenso a factores de riesgo que conllevan ciertas enfermedades. Sería el caso de la mayor afección en los hombres de cirrosis hepática ocasionada, fundamentalmente, por abuso del consumo de alcohol o cáncer de pulmón asociado con el tabaquismo.

 Actividades

3. Busque información sobre las enfermedades que se clasifican como más relevantes para uno u otro sexo, concretamente enfermedades de tipo biológico. Anótelas y clasifíquelas por sexos.
4. Explique el siguiente enunciado "es un perfil de salud que tiene correspondencia con la cultura del individuo".

El estudio de las variables epidemiológicas de las mujeres arroja datos significativos de cuáles son las cuestiones de salud (física, psicológica, social y emocional) más crecientes en el sexo femenino. Estos indicadores son de gran utilidad a la hora de plantear medidas de intervención para potenciar la salud integral de la mujer.

En términos de salud física, padecen, en muchas ocasiones, de anemia por deficiencia de hierro. En algunas culturas esto puede ser debido a la relación de alimentos ricos en proteínas para el hombre en carencia de la mujer. Al igual que el hierro, otros principios alimenticios pueden provocar carencias físicas que van unidas a dificultades en la salud.

Las enfermedades de transmisión sexual son, por lo general, más asintomáticas en las mujeres y, por tanto, perduran en ellas por más tiempo, con las consecuencias que pueden tener a largo plazo, como la esterilidad.

Se ha reconocido en algunos países la presencia de alteraciones respiratorias y cardiovasculares crónicas provocadas por las condiciones adversas donde las mujeres llevan a cabo sus actividades domésticas, especialmente en las clases sociales más bajas. En el hogar se produce más cantidad de accidentes domésticos debido a que, frecuentemente, están en mayor contacto con los factores de riesgo relacionados con el espacio privado.

Dentro de los daños en la salud psicológica, además de física, se puede incluir la violencia de tipo mental o psíquico que es sufrida por mujeres en contrapartida a los hombres. Estas situaciones de maltrato físico o psicológico pueden afectar su integridad física, moral, mental y espiritual o incluso ocasionar la muerte de la mujer. La violencia contra la mujer o violencia de género puede entenderse como cualquier acto de poder, basado en el género. Esta violencia puede desembocar en daño físico, psicológico o sexual. Con todo ello, la violencia de género afecta a la salud integral de la mujer que la padece.

Observando otro aspecto que se desencadena de una salud deficiente, se encuentra que las mujeres se automedican con más frecuencia que los hombres y además consumen de tres a cuatro veces más analgésicos que el sexo masculino.

Enfocando el estudio hacia la salud psicológica de la mujer hay que considerar que algunas de las alteraciones psicológicas están más extendidas entre el sexo femenino. Entre las causas que justifican las mayores alteraciones psicológicas en las mujeres aparece la presión social o la discriminación de género. Otros factores de segundo orden son aquellos asociados con el exceso de trabajo, la violencia doméstica y los abusos sexuales.

 **Importante**

Hay enfermedades que solo pueden sufrir las mujeres, tales como el cáncer de útero mientras que otras son más probables en uno u otro sexo, en relación con el tipo de enfermedad.

De este modo algunos datos sobre la salud psicológica en la mujer pueden ser los siguientes:

- Los trastornos depresivos son una de las alteraciones más significativas en la mujer, de hecho constituyen en torno al 42 % de los casos de trastornos neuropsiquiátricos entre las mujeres. En el caso de los hombres la depresión afecta alrededor de un 29 %.
- En el sector de la tercera edad, los principales problemas de salud mental en la mujer son la depresión, los síndromes orgánicos cerebrales y la demencia. En estas edades las alteraciones psicológicas superan los casos de mujeres a los de hombres.
- Las mujeres sufren más violaciones o intentos de violación a lo largo de sus vidas en comparación con los hombres.
- La ansiedad y el dolor psicológico junto con las tasas de consumo de sustancias afectan en mayor grado a las mujeres que a los hombres.

En términos generales, hasta un 20 % de las personas que reciben atención primaria de la salud sufren ansiedad y/o trastornos depresivos. En numerosos casos, estos pacientes no son diagnosticados y, por tanto, no reciben tratamiento. Los estudios definen tres principales factores que pueden evitar la aparición de problemas mentales, especialmente cuando se hace referencia a la depresión. Entre ellos se encontrarían:

- Poseer autonomía suficiente para controlar y/o hacer frente de algún modo a los sucesos graves.
- Tener acceso a recursos personales, psicológicos y materiales y con ellos poder sufragar sucesos graves que puedan aparecer en sus vidas.

■ Disponer de apoyo psicológico por parte de familiares, amigos o profesionales. Este es uno de los factores primordiales.

 Aplicación práctica

Imagine que tiene que realizar un estudio como alumno de cuarto curso de la faculta de Psicología sobre las alteraciones mentales en la mujer. Necesita obtener información sobre porcentajes de enfermedades mentales que son padecidas por el sexo femenino en comparación con el masculino.

Igualmente debe determinar los perfiles epidemiológicos, es decir, clasificar las enfermedades asociadas únicamente a un sexo y que aparecen en los dos. Además se le pide que tras el informe lo publique en un periódico y explique a estudiantes de último curso de medicina los factores que están relacionados y que ayudan a padecer la depresión en las mujeres.

En su exposición es importante que deje claro a los alumnos de medicina el hecho de que la salud es un concepto integral en el que hay diferencias entre hombres y mujeres.

SOLUCIÓN

El estudio se basará en la recogida de datos a través de diferentes medios sobre la salud en la mujer, haciendo diferencia entre salud física, psíquica, social y emocional.

Debe diferenciar claramente la salud como algo integral y entender que la salud en la mujer es diferente a la del hombre, siendo tan importante la de uno como la de otro.

El estudio se puede hacer por sectores de edad para comparar las enfermedades mentales en cada edad.

Dentro de las enfermedades psicológicas estudiadas haría una clasificación según el perfil epidemiológico, distinguiendo entre las que son más femeninas y aquellas que afectan a ambos sexos.

En cuanto a los factores en que se deberá incidir a los alumnos de medicina en relación a la mayor o menor prevalencia de la depresión en las mujeres estarían:

Ⅰ Poseer autonomía suficiente para controlar y/o hacer frente de algún modo a los sucesos graves.

Continúa en página siguiente >>

<< Viene de página anterior

▎ Tener acceso a recursos personales, psicológicos y materiales para sufragar sucesos graves que puedan aparecer en sus vidas.

▎ Disponer de apoyo psicológico por parte de familiares, amigos o profesionales. Este es uno de los factores primordiales.

4. Procesos de análisis de la salud reproductiva y sexualidad de las mujeres en el entorno de intervención

Realizando el análisis de la salud como punto fundamental en la perspectiva de género, se presenta un proceso de análisis de salud que comprende dos facetas fundamentales cuando se enfoca el estudio a la salud en el sexo femenino; la salud reproductiva y sexual de la mujer. En este sentido, lo primero que se pone de manifiesto son unos derechos sexuales y reproductivos fundamentales para cualquier mujer, complementariamente a los derechos que pueda tener cualquier persona física y jurídica. Con estos derechos se intenta defender la libertad e integridad sexual de la mujer a favor de una salud efectiva y global.

Los derechos de la mujer comenzaron por enfocarse en plano físico, social, laboral y han terminado extrapolándose a cualquier ámbito, incluido, por supuesto, el sexual y reproductor. Esto está permitiendo un avance considerable en favor de la integridad y la igualdad de las mujeres en sentido pleno en nuestra sociedad. Se debe considerar que estos derechos sexuales y reproductores se están extrapolando a diferentes países pero que todavía son algunos los que no solamente no los reconocen, sino que además llegan a recibir duras críticas, incluso algunas mujeres son castigas por intentar defender estos derechos sexuales.

4.1. Definición y evolución del concepto

Al hablar del concepto de Salud Sexual y Reproductiva surge la definición de Naciones Unidas que parte de un enfoque integral para responder a las necesidades de hombres y mujeres respecto a la sexualidad y la reproducción. De este modo, se define la salud reproductiva como un "estado general de bienestar físico, mental y social y no de mera ausencia de enfermedad o dolencia, en todos los aspectos relacionados con el sistema reproductivo y sus funciones y procesos. Entraña además la capacidad de disfrutar de una vida sexual satisfactoria y sin riesgos, y de procrear, y la libertad para decidir hacerlo o no hacerlo, cuándo y con qué frecuencia" (Naciones Unidas, 2010).

Partiendo de este análisis, el objetivo de la salud sexual será el desarrollo de la vida en términos generales, no entendiendo por tanto, únicamente el asesoramiento en materia de reproducción y enfermedades de transmisión sexual. Se basa entonces en la culminación de una vida efectiva en término amplio aunque se especifique el tema sexual y reproductivo.

A medida que pasan los años, el concepto de salud materna e infantil empieza a cobrar poco a poco mayor relevancia. De hecho en 1952 la Organización Internacional del Trabajo (OIT) aprueba un convenio que enmarca dentro del ámbito de la salud sexual como prioritario, será el convenio relativo a la protección de la maternidad. Este enfoque de género basado en la maternidad quedó patente durante años, hasta tal punto que tuvieron que pasar tres décadas para que el concepto se fuera ampliando.

En 1979, la Convención sobre la eliminación de todas las formas de discriminación contra la mujer, celebrada por parte de Naciones Unidas, vuelve a recogerse la salud sexual como un modo de planificación familiar que se desliga únicamente de la mujer y aglomera a toda la familia.

 Nota

A través del concepto de derechos sexuales y reproductivos se intenta defender la libertad e integridad sexual de la mujer en favor de una salud efectiva y global.

El momento clave, en el que se deja de lado el término de salud materna e infantil que había estado caracterizando lo que hoy se entiende por salud sexual y reproductiva, será la Conferencia Internacional sobre Población y Desarrollo (1994). Desde este momento se acuña la nueva terminología de "Salud Sexual y Reproductiva". Los resultados de esta Conferencia hicieron dar un giro radical al concepto de salud sexual, al establecer que las metas de las políticas de población deben basarse en el bienestar de los individuos y su calidad de vida, localizándose siempre dentro del marco de los derechos humanos. Hace especial hincapié en el empoderamiento de la mujer como base sustancial de todos los programas. La finalidad de esta nueva manera de entender la salud sexual y reproductiva será la autonomía plena del sexo femenino en todas las esferas de la vida y, de manera especial, en la sexualidad y la reproducción.

Será en la Conferencia Mundial sobre la Mujer de Naciones Unidas, Beijing (1995), donde se insista fehacientemente en los derechos de las mujeres, reforzándose, en este caso, el concepto de salud sexual y reproductiva. En ese momento se crea una Plataforma de Acción, que será una guía de salud sexual y reproductiva a seguir por gobiernos y entidades de todo el mundo.

Posteriormente, y de forma más contemporánea, las conferencias celebradas en El Cairo +5 (1999) y El Cairo +10 (2004) supusieron un análisis y ratificación de los compromisos alcanzados en Beijing. Además, en ellas se concluyeron algunos aspectos claves por los que se está luchando actualmente. Son las siguientes cuestiones, sumamente importantes y que han sido entendidas como una desigualdad para la salud de la mujer:

- Falta de derechos en materia de salud sexual y reproductiva.
- Los altos índices de violencia contra las mujeres en el mundo.
- La incidencia de VIH/Sida entre las mujeres.
- Las altas tasas de mortalidad ante la maternidad en regiones de África, Asia y América Latina.

4.2. Componentes de la salud sexual y reproductiva

Si se realiza un análisis desde las Naciones Unidas y más concretamente desde el Ministerio de Sanidad se presentan unas características que rigen la salud sexual y reproductiva de las mujeres. Suponen la base de la atención, la asistencia o ayuda a la mujer en estos términos. Con estos componentes se pretende, en todo momento, garantizar la participación de las mujeres en la toma de decisiones referentes a cualquier temática relacionada con la salud sexual y reproductiva.

Sabía que...

El concepto de salud sexual y reproductiva hace referencia, entre otras cosas, a la capacidad de disfrutar de una vida sexual satisfactoria y ausente de riesgos para la salud. Además, entiende la libertad de tener hijos o no hacerlo.

Los componentes no son más que indicadores que muestran si verdaderamente se está apostando y materializando la salud sexual y reproductiva en la sociedad. Explican si las necesidades existentes se cubren de forma efectiva o no. Estos componentes que definen Naciones Unidas serían los que siguen:

- Información y asesoramiento a la población general, y a la femenina de manera específica, en materia de anticoncepción y salud reproductiva.
- Educación a través de diferentes medios y organismos en materia de métodos anticonceptivos y fundamentos de la salud reproductiva. Esta formación se realiza en diferentes momentos evolutivos, estando cercana a la población juvenil y adulta a través de diferentes organismos y sistemas.
- Servicios de atención prenatal, partos sin riesgo y posparto. Estos servicios incluyen medidas educativas previas a modo de prevención e información a la mujer gestante.
- Cuidados generales de salud para los y las recién nacidos que se aportan a las madres tras el parto. Normalmente son desarrollados por profesionales sanitarios en los centros de salud.
- Información de diferentes métodos anticonceptivos que evite no solo los embarazos no deseados, sino también y de forma crucial las enfermedades de transmisión sexual.

- Disponibilidad y acceso a métodos anticonceptivos seguros y modernos.
- Sensibilización, información y tratamiento en caso de infecciones de transmisión sexual.
- Disponer servicios de aborto permitido legalmente y tratamiento de posibles complicaciones en los mismos.
- Mecanismos de prevención y tratamiento apropiado de la infertilidad que permitan a todas las personas aumentar sus posibilidades de ser padres.
- Asesoramiento y concienciación sobre algunos términos relacionados con la sexualidad como son la salud reproductiva y la maternidad o paternidad responsable.

Estos componentes de salud sexual y reproductiva han de hacer especial énfasis en la población juvenil, ya que supone la base de la que partir para conseguir en el futuro una verdadera educación sexual y reproductiva basada en los principios de igualdad de género.

 Actividades

5. Busque información sobre el VIH en un país determinado y compare el índice de mujeres y hombres que son infectados por esta enfermedad. Luego compare los índices con los de otro país perteneciente a un continente diferente.
6. Desde su punto de vista, ¿qué personas cree que acuden más a pedir información sobre los métodos anticonceptivos, los hombres o las mujeres? ¿A qué cree que es debido? ¿Habrá diferencias entre chicos y chicas a la hora de solicitar información sobre enfermedades de transmisión sexual? Dé su opinión y apóyela en alguna documentación al respecto que encuentre.

En el gráfico que se presenta a continuación se muestra la formación recibida por mujeres de entre 15 y 24 años en torno a la educación sexual. Este sería uno de los indicadores o componentes clave para determinar el trabajo que se está haciendo desde la salud sexual y reproductiva. Como se aprecia, la mujer recibe más información sobre la menstruación o el aparato reproductor femenino y recibe sobre los métodos anticonceptivos y el sida, aspectos básicos respecto a la salud sexual y reproductiva.

Formación recibida por mujeres en temas sexuales

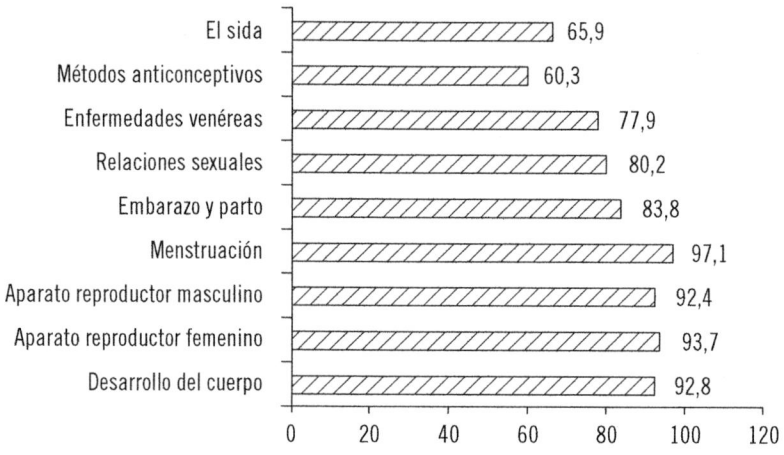

 **Importante**

La Conferencia del Cairo en 2004 supuso un avance significativo en cuanto al afianzamiento del concepto de salud sexual y reproductiva y se debatió sobre algunas cuestiones claves de actualidad tales como la incidencia del VIH o la violencia contra la mujer en el mundo.

4.3. Indicadores sensibles al género

Los indicadores son medidas numéricas que proporcionan información sobre una determinada situación o evento complejo. Los indicadores son un complemento a los componentes o indicadores que muestran si un concepto se está tratando de manera efectiva o no. Podría entenderse como las necesidades que las mujeres pueden tener en torno al concepto de salud sexual y reproductiva.

Un indicador sensible al género sería aquel que se basa en los principales factores que impulsan la desigualdad en la mujer, tanto en términos generales como referentes al tema que se trata, la salud sexual y reproductiva de las mujeres. Entre los indicadores generales sensibles al género estarían:

- Porcentaje de mujeres y hombres en el mercado laboral, con la incidencia de uno sobre otro.
- Dedicación de tiempo a trabajo no remunerado en porcentajes en ambos sexos.
- Inclusión en el sistema educativo de la educación sexual y reproductiva en temáticas de interés común o sexuado.
- Porcentaje de mujeres y hombres escolarizados en los diferentes niveles educativos y ramas del saber.

Los indicadores más específicos de género que se enfocan a la salud sexual y reproductiva serían:

- Esperanza de vida al nacer según el sexo. Si hay diferencia entre la esperanza de vida según se nazca chico o chica.
- Tasa existente global de fecundidad, valorando si el porcentaje es mayor en hombres o mujeres.
- Porcentaje de trabajo, esfuerzo y presupuesto destinado a salud sexual y reproductiva en ambos sexos.
- Población que puede acceder a servicios de salud sexual y reproductiva por sexo.
- Asociaciones de salud sexual y reproductiva en las que se apueste por la fecundidad en diferentes sexos.

 Actividades

7. Busque información sobre lo que significa "tasa existente global de fecundidad" y determine si el porcentaje es superior en mujeres u hombres.

En el siguiente gráfico se muestra, por porcentajes, la percepción que los adolescentes tienen respecto a la información sobre temas sexuales proporcionada en el centro educativo. Se observa que, de lo que más se habla, en los centros escolares es del consumo de drogas y alcohol, seguido de los cambios en el cuerpo (menstruación, cambios de voz) y, de lo que menos, de embarazos no deseados.

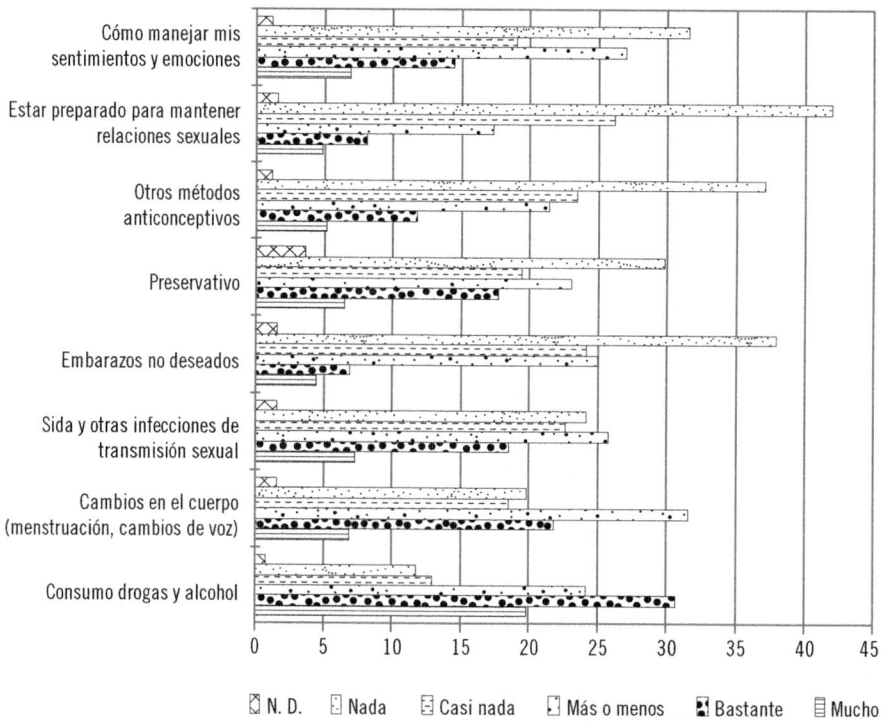

Percepción de los adolescentes sobre los temas tratados en el centro educativo
Fuente: Revista Española Salud Pública, vol. 98 (09-02-24)

 **Nota**

Entre los componentes que se recogen como fundamentales respecto a la salud sexual y reproductiva se encuentran el disponer de servicios de atención prenatal, la atención a partos sin riesgo y el posparto.

4.4. Derechos sexuales y reproductivos

En primer lugar, señalar que los derechos sexuales y reproductivos parten de la base de los derechos humanos para desembocar en estos derechos particulares. Los derechos sexuales y reproductivos son por tanto derechos humanos fundamentales, que se centran en el libre ejercicio de la sexualidad; una sexualidad que debe ser ejercida sin riesgos, basada en el placer físico y emocional, en la libre orientación sexual y en la libre elección del número de hijos que se desean tener.

El primer escrito oficial que se hizo sobre los derechos sexuales y reproductivos parte de la Federación Internacional de Planificación Familiar (IPPF, 1996). En esta Federación se recogen entre los derechos que comprende la salud sexual y reproductiva los siguientes:

- El derecho a la vida, lo que implica respetar y no arriesgar la vida de ninguna mujer a causa de un embarazo.
- El derecho a la libertad y seguridad de la persona. Con ello se prohíbe indirectamente que una mujer o niña pueda ser sometida a la mutilación genital femenina, al embarazo, esterilización o aborto forzado.
- El derecho a la igualdad plena y no discriminación, incluso en la vida sexual y reproductiva.
- El derecho a la intimidad y la confidencialidad, por lo que los servicios asistenciales deben garantizar la confidencialidad y el hecho de que todas las mujeres tengan la libertad para tomar decisiones reproductivas de forma autónoma, consciente y plena.
- El derecho a la libertad de pensamiento en temas como creencias, filosofías, costumbres o religión.
- El derecho a recibir información y educación sobre los beneficios, eficacia y riesgos de los diferentes métodos de regulación de la fertilidad. El fin último de este derecho será que todas las decisiones tomadas se basen en consentimiento informado, libre y pleno.
- El derecho a decidir unirse en matrimonio o no hacerlo de esta forma.
- El derecho a decidir tener una familia e hijos.
- El derecho a la atención médica y a la protección a la salud general y, por tanto, sexual.

- El derecho a beneficiarse de las nuevas tecnologías en reproducción que sean seguras para la salud.
- El derecho a una vida libre de tortura, lo cual se extrapola a que las mujeres tengan una protección ante la violencia y explotación sexual.

 Aplicación práctica

Imagine que está haciendo un trabajo en clase sobre los derechos en torno a la salud sexual y reproductiva. Le ha tocado estudiar el "derecho a la libertad y seguridad de la persona". Este derecho prohíbe indirectamente una serie de cuestiones.

Debe, en primer lugar, explicar en qué consiste este derecho. Además indicar, explicar y poner ejemplos relacionados con aquellas cuestiones a las que hace referencia así como países en los que no se cumpla este derecho.

SOLUCIÓN

El derecho a la libertad y seguridad contempla el derecho a ser libre como persona pudiendo hacer lo que se quiera dentro de unos límites que no violen los derechos de otras personas. La seguridad hace referencia a que toda persona debe ser respetada y pueda vivir en un mundo sin temor a recibir daño o perjuicio.

En cuanto a las cuestiones a que se puede referir incluyen el respeto a la sexualidad, a la libertad en cuanto al aparato genital, la libertad para el libre embarazo, el derecho al aborto personal, la ausencia de prácticas contrarias a estos principios como son la esterilización o la mutilación genital.

Algunos continentes en los que no se respeta este derecho son África y algunas zonas de Asia.

Posteriormente, los derechos sexuales y reproductivos quedaron definidos como tales de forma amplia en la Conferencia de El Cairo (2004). En ella se partió de los derechos recogidos por la Federación Internacional de Planificación Familiar de 1996 y se reformularon para permitir ampliarlos y concretarlos a las nuevas necesidades. Será la Organización de Naciones Unidas (ONU) la que describa los derechos sexuales y reproductivos de la forma siguiente:

- Derecho a la vida, derecho que permite el disfrute de los demás derechos humanos.
- Derecho a la integridad física, psíquica y social de las personas.
- Libertad para el ejercicio pleno de la sexualidad: recreativa, comunicativa, reproductiva.
- Respeto a las decisiones personales de cada uno en torno a la preferencia sexual.
- Respeto a la elección libre de la reproducción.
- Elección del estado civil que cada cual desea tener.
- Libertad de fundar una familia de cualquier modo reproductor que se desee.
- Libertad de decidir tener el número de hijos que se desee y la elección de los métodos anticonceptivos o proconceptivos.
- Reconocimiento y aceptación de sí mismo, como ser sexuado independiente del sexo que se tenga.
- Defensa de la igualdad de sexo y género.
- Defensa de la toma de decisiones adecuadas en torno a la sexualidad, para lo cual es fundamental el fortalecimiento de la autoestima, la autovaloración y la autonomía personal.
- Libre ejercicio de la orientación sexual sin discriminación alguna.
- Libertad de elegir compañero/a sexual con indiferencia de edad, sexo y cultura.
- Posibilidad de elegir sobre el deseo de mantener relaciones sexuales o de no hacerlo.
- Plenitud en la elección de las actividades sexuales según sus preferencias en cada momento.
- Derecho a recibir información oportuna y científica acerca de la sexualidad cuando lo consideren oportuno.
- Libertad y fomento en proporcionar espacios de comunicación familiar para hablar sobre la sexualidad.
- Derecho a la intimidad personal de cada cual a la vida privada y al respeto personal, independientemente de sus deseos o prácticas sexuales.

? Sabía que...

En España se publicó en 2022 la Ley de garantía integral de la libertad sexual (Ley Orgánica 10/2022, de 6 de septiembre), cuyo objeto es garantizar el derecho a la libertad sexual y la eliminación de toda violencia sexual.

5. Aplicación de la propuesta de la Organización Mundial de la Salud sobre los conflictos de la asignación de roles de género y salud

Ha quedado demostrada la importancia de abordar las cuestiones de género, referentes a la salud en ambos sexos. El hecho de haber dado prioridad a lo largo de los años al sexo masculino ha conllevado el desarrollo histórico de programas y actuaciones que han favorecido al hombre, dejando en un margen inferior a la mujer. Estos aspectos basados en la diferencia de roles de género, marcados en detrimento de las mujeres, ha conllevado problemas en cuanto a la detección de enfermedades y tratamientos enfocados al sexo femenino. En ocasiones, esto se ha fundamentado porque la detección de las enfermedades no se ha realizado de forma temprana, al no considerarse importante para este sexo.

Actualmente, el énfasis de la Organización Mundial de la Salud (OMS) está puesto en la igualdad de sexos en el ámbito de la salud, haciendo un hincapié especial en la vulnerabilidad de las mujeres, niñas y minorías sexuales, en la lucha contra las enfermedades. En este sentido, la Organización Mundial de la Salud está realizando numerosas actuaciones para mejorar esta desigualdad de roles. Destaca el impulso que la Organización Mundial de la Salud está ejerciendo para ampliar su actuación en el sector sanitario, apostando por mejorar la salud de las mujeres en todas las etapas de su vida. Hay situaciones o momentos de la vida de una mujer que implican vivencias que son exclusivamente femeninas y, por tanto, las repercusiones negativas caen únicamente en este género. A esto se refiriere en el caso del embarazo y el parto, que no siendo enfermedades sino fenómenos biológicos, conllevan un riesgo para la salud de la mujer.

Muchos de los problemas de salud que aquejan a las mujeres adultas se remontan a la niñez. De este modo, se centra en el estudio de algunas variables que tienen gran relevancia en los comienzos de la vida por su implicación posterior en el periodo adulto, sería el caso de la nutrición. La Organización Mundial de la Salud entiende que la nutrición es un determinante esencial de la salud que tiene su base en la niñez y se extrapola a las etapas posteriores de la vida. La importancia de la nutrición en la salud del sexo femenino va más allá del disfrute de una alimentación sana en la propia infancia, entendiendo las repercusiones que puede tener en la salud general tanto de la niña como en la vida adulta de la mujer. Cuidando la salud se evitarán enfermedades posteriores y además se contribuirá al fomento de una salud reproductiva.

Es fundamental, igualmente, atender las necesidades de salud y desarrollo en la adolescencia, controlando los factores que favorecen comportamientos potencialmente nocivos en estas edades, como las relaciones sexuales, el consumo de tabaco y alcohol, la alimentación o la actividad física. En muchos países desarrollados se está observando un aumento tanto en el número de las adolescentes que consumen sustancias como de la obesidad femenina. Esto indica que se hace crucial apoyar a las adolescentes para que adquieran hábitos saludables que les reporten beneficios de salud en la vida adulta.

5.1. Diferencias en la asignación de roles en salud en los diferentes países

La Organización Mundial de la Salud publicó un informe denominado "Las mujeres y la salud, los datos de hoy y la agenda de mañana", que se tomará como referencia. En él se recogen estas diferencias de roles de género en salud y hace un estudio pormenorizado de algunas variables tales como las diferencias por países, edades, salud en niñas y personas más vulnerables. Como conclusión establece algunas sugerencias y apuestas para el fomento de una salud equitativa entre hombres y mujeres.

Observando los diferentes países que existen en el mundo y estudiando la importancia que en ellos se da a la salud, se ponen de manifiesto arduas diferencias en cuanto a los países más industrializados y los más pobres. Es cierto que los problemas de salud que afrontan las mujeres comparten muchos rasgos comunes en todo el mundo, pero las condiciones de vida diferenciadas hacen que se afronten de manera muy diversa.

Algunas diferencias que se obtienen al respecto del informe de la Organización Mundial de la Salud son las siguientes:

- En los países de ingresos elevados, las mujeres, independientemente de la edad, viven más tiempo, las tasas de mortalidad de las niñas y las mujeres jóvenes son muy bajas.
- En los países más pobres la población es más joven por término medio, las tasas de mortalidad infantil son más altas y la mayoría de las defunciones del sexo femenino corresponden a adolescentes.

Con estos datos, la Organización Mundial de la Salud concluye que la salud de las niñas y las mujeres se ve influida, independientemente de los países, por factores sociales y económicos, como pueden ser el acceso a la educación, el nivel socioeconómico familiar y el lugar de residencia.

 Recuerde

La Organización Mundial de la Salud lucha en favor de la igualdad de sexos en el ámbito de la salud y destina sus esfuerzos hacia la vulnerabilidad de las mujeres, las niñas y las minorías sexuales.

Una de las enfermedades mundiales que más ha sufrido las diferencias de roles en cuanto a salud ha sido el sida, enfermedad unida al hombre a lo largo de la historia en cuanto a investigación e intervención. En China se celebró la Junta Directiva del Fondo Mundial de Lucha contra el Sida, la Tuberculosis y la Malaria. La cuestión abordada, de manera prioritaria, fue la vulnerabilidad de mujeres, niñas y minorías sexuales. De las conclusiones de esta Junta Directiva fue elaborado un informe que se publicó a nivel mundial. En él se ofrece información técnica para prestar asistencia en el desarrollo de propuestas centradas en el acceso y la calidad de los programas de prevención de estas enfermedades. El informe basa su enfoque en el abordaje de las desigualdades de género, centradas especialmente en la salud sexual y reproductiva y la prevención de la transmisión materna infantil.

Un aspecto clave cuando se trata la salud integral de la mujer, basada en los roles sexuales, es el hecho de que para que los programas destinados a salud general o específica de determinadas enfermedades sean verdaderamente efectivos en mujeres y niñas, deben basarse en tres cuestiones: las enfermedades en sí que se estén investigando, las diferencias de salud que están determinadas de forma innegable por las variables sexuales y los contextos locales, culturales y sociales. En el caso de tratarse de enfermedades que pueden llevar a epidemias en un momento determinado, es importante añadir que la eficacia con que se trate la intervención en un determinado país o ciudad, va a depender del conocimiento de esta epidemia por los clínicos que la traten.

 Sabía que...

Las enfermedades presentan porcentajes diferenciados según la riqueza del país, así en los países más pobres las tasas de mortalidad infantil son más altas y hay mayores defunciones en mujeres adolescentes.

Analizando las variables internacionales que determinan la mayor o menor vulnerabilidad a las enfermedades por parte del sexo femenino, se concluyen valiosas cuestiones que abarcan desde la influencia de la salud en relación con la educación o la economía hasta determinantes relacionados con las normas de género o la violencia contra la mujer. A continuación, se hace una descripción de las mismas:

1. **Obstáculos en el acceso a los servicios.** Este elemento se basa en el hecho de que las mujeres y niñas se enfrentan a muchos obstáculos para acceder a la información y a los servicios de determinadas enfermedades,

como pueden ser el VIH y el sida. En el momento que una persona tiene obstáculos en su camino para acceder a servicios tanto de información como de asesoramiento, su movilidad y autonomía en la toma de decisiones en cuanto a su salud es limitada. Por consiguiente y de forma casi innegable, vivirán la enfermedad como algo que queda en un segundo plano y en una "cultura de silencio en torno a la salud sexual y reproductiva", ajenas a la posibilidad de contraer enfermedades como el VIH y el sida.

2. **Normas de género.** Las normas de género hacen referencia a las creencias y costumbres que se originan y transmiten en una sociedad y que definen lo que es socialmente aceptable. De este modo, en muchos lugares, las normas relativas a que la mujer contraiga matrimonio a una edad temprana, reprime el que pueda tener el control de su propio cuerpo y decidir libremente sobre cuestiones sexuales y reproductivas. Este sería un derecho de salud para la mujer que queda mermado de forma indirecta. En el caso de los hombres, las normas de género permiten, e incluso benefician en ciertos países, el hecho de que tengan más parejas sexuales que las mujeres, también en el caso de los hombres mayores. Además, priman tener relaciones con mujeres mucho más jóvenes, lo cual no es mirado desde el enfoque de la mujer.

3. **Violencia contra la mujer.** La violencia, en general, es un aspecto que se entiende como negativo en cualquier sentido social, sin embargo ancestralmente e incluso actualmente en algunas sociedades, se concede menos importancia al hecho de que la mujer reciba violencia tanto de tipo física, sexual como emocional. Este hecho no solo rompe los derechos de la mujer, violando un aspecto fundamental para ellas, sino que además contribuye, en muchos casos, a hacerlas más vulnerables a ciertas enfermedades relacionadas, por ejemplo, con las prácticas sexuales forzadas.

4. **La responsabilidad de los cuidados en salud hacia otros miembros de la familia.** Partiendo del hecho de que este trabajo se enmarca dentro del trabajo no remunerado que la mujer realiza en casa, sin obtener beneficio económico ni a veces moral por ello, se puede ir más allá y extrapolar consecuencias en el plano de la salud que pueden ir unidas a esta responsabilidad cotidiana. Esta gran responsabilidad puede afectar a la salud y a la nutrición de esa mujer colaboradora o cuidadora que

pasa gran parte del día realizando esfuerzos físicos, a veces incompatibles con su propia salud.

5. **Estigma y discriminación unida a determinadas enfermedades físicas.** Esto ocurre principalmente con algunas enfermedades de tipo sexual como la sífilis o el sida. Estas mujeres no solo deben sufrir la enfermedad, que a veces les ha sido contraída por prácticas contrarias a su voluntad, sino que además les hace ser consideradas inmorales. La inmoralidad puede llegar en algunos países incluso a tener consecuencias como el abandono y la violencia de mano de sus parejas.

6. **Falta de seguridad económica.** En muchos países, las mujeres no tienen derechos de propiedad, de sucesión, ni lo que es peor, la posibilidad de acceder o controlar los recursos económicos que ellas mismas ingresan. Por este motivo, continúan dependiendo de sus parejas, teniendo que verse sometidas en ocasiones a prácticas o actuaciones que ellas no desean.

7. **Falta de acceso a la educación para las niñas.** La educación es un derecho y una obligación que tienen todos los niños y niñas en la mayoría de los países, sin embargo continúan existiendo lugares menos desarrollados en los que el acceso a las escuelas es inferior en términos generales y mucho menos en el caso del sexo femenino. Las consecuencias de esto son innegables tanto a nivel general como sanitario, les lleva a ser menos independientes, estar menos capacitadas para tomar decisiones respecto a su vida y poder controlar ciertas enfermedades gracias a la formación que reciben.

 Actividades

8. Reflexione sobre la afirmación "vivir una cultura de silencio en torno a la salud sexual y reproductiva". Explique en qué consiste esta afirmación y en qué países suele darse más esta cultura de silencio y por qué.

9. Desde su punto de vista, ¿qué efectos sobre la mujer puede tener el hecho de que en algunos países se estile el que los hombres mayores tengan relaciones amorosas con chicas jóvenes? ¿Qué implicaciones puede tener eso en la salud de la mujer?

5.2. Propuestas para superar barreras de salud asociadas al género

Son indudables las numerosas cuestiones descritas enfocadas a la necesidad de erradicar los roles relacionados con género y salud. Estas desigualdades se pueden tratar en los diferentes programas sanitarios que se organicen a nivel nacional y mundial. Para ello, en principio se cuenta con dos modos diferentes:

- A través de intervenciones concretas que promuevan la igualdad en sectores como la sanidad, independientemente de la educación y la justicia.
- Garantizando que las áreas de prestación de servicios específicas se hagan patentes gracias a las indicaciones de los organismos sociales y presten servicios igualitarios a ambos sexos.

Estos podrían ser algunos de los pasos que poner en funcionamiento por parte de los organismos sociales y las entidades gubernamentales. Apostar por la superación de barreras de género a nivel sanitario no es más que conceder el beneficio de la salud a todas las personas, independientemente de su sexo. Por ello, la lucha contra la igualdad se basa en la erradicación de roles de género asociados a la salud. En este sentido, algunas de las cuestiones que pueden hacer todo esto más posible y factible serían las siguientes:

- Enfocar el énfasis de los programas nacionales de salud en recopilar y utilizar de manera independiente datos separados por sexo y por edades. Estos datos se refieren a la salud en general y de forma específica a aquellas enfermedades que hasta ahora han estado más centradas en la investigación en los hombres.
- Fomentar la capacidad en la sociedad y en las personas individuales de comprender la relación entre las desigualdades de género y la salud pública en ausencia de enfermedades.
- Integrar las cuestiones de género en los programas enfocados a diferentes enfermedades que ya están en auge y añadir nuevos programas para aquellas enfermedades que han quedado olvidadas o unidas al sexo masculino a lo largo de la historia.
- Establecer vínculos entre los ministerios sanitarios y las organizaciones gubernamentales y sociales que trabajan en ámbitos tales como la educación, la prevención de la violencia, las reformas legales, etc.

■ Apostar y apoyar por una mayor representación y una participación más significativa en los organismos, asociaciones y entidades dedicadas a la investigación y al fomento de la salud de grupos de mujeres, jóvenes y expertas en cuestiones de género.

 Sabía que...

La falta de acceso a la educación para las jóvenes en algunos países conlleva de forma indirecta enfermedades y menor salud debido en parte a la desinformación e incapacidad para tomar decisiones.

En cuanto a las mujeres, de forma más independiente y concreta, se pueden describir algunas medidas que complementen a las anteriores y que pueden tomarse a nivel de pequeños ámbitos o incluso individualmente con la finalidad de mejorar su salud:

■ Capacitar a mujeres y niñas para que puedan tratar y vivir con seguridad sus relaciones sexuales. Promover el preservativo en las prácticas sexuales más seguras.
■ Alertar y publicar cuestiones referentes a las normas y prácticas perjudiciales relativas al género.
■ Entender e interiorizar el concepto de violencia contra la mujer y las prácticas que suponen una verdadera violencia tanto física como psicológica. Este aspecto puede resultar clave en las chicas adolescentes, en el sentido de que aprendan a diferenciar entre lo que es relación íntima sana y violencia. Muchas chicas mantienen relaciones amorosas sustentadas en la violencia psicológica pensando que son muestras de amor y cariño por parte de sus parejas. Si no son informadas de la diferencia, es probable que si comienzan con una primera relación de este tipo, lleguen a normalizarlas en sus vidas.

- Comprometer a hombres y niños con las normas y actitudes que fomentan la igualdad de género. Aquí juegan un papel importante los organismos sociales y educativos.

- Aumentar el acceso personal a la información a través de las nuevas tecnologías que están al alcance del mando de cualquier mujer, especialmente las adolescentes.

- Ayudar a que las mujeres, en su papel de cuidadoras, entiendan los riesgos físicos que puede conllevar cuidar a una persona enferma. Apostando en este sentido por medidas preventivas.

- Incluir programas educativos sobre la salud y las enfermedades apropiados para cada edad y que estén disponibles para el uso personal de las mujeres.

 Sabía que...

Una de las propuestas para superar la barrera de salud asociadas al género puede ser contar con más personal femenino en los organismos y entidades que traten la salud.

5.3. Conclusiones de la Organización Mundial de la Salud ante los roles de género en salud

La Organización Mundial de la Salud en su informe denominado "Las mujeres y la salud, los datos de hoy y la agenda de mañana" concluye una serie de cuestiones que pueden dar una visión amplia para trabajar el enfoque de género basado en salud. Afirma que la sociedad y los sistemas de salud que la rigen no están cumpliendo sus obligaciones con las mujeres. Una cuestión es la normativa y defensa de derechos en tratados y otra cuestión es la realidad cotidiana.

La Organización Mundial de la Salud concluye diciendo que los sistemas de salud no cumplen sus obligaciones con las mujeres, a pesar de que estas utilizan más los servicios asistenciales en comparación con los varones. En contrapartida, suelen tener menos economía, por lo que no les ofrecen tantas prestaciones sanitarias. Estas barreras o limitaciones continuarán, en parte, mientras el trabajo no remunerado siga teniendo las mismas consideraciones. Una de las cuestiones que la salud pública debe plantearse es suprimir las barreras económicas que impiden el acceso totalmente gratuito a la asistencia sanitaria. Sería el caso de los momentos en que se cobran cuotas por los servicios de salud materna, o se abonan proporciones por los servicios prestados.

La eliminación de las barreras económicas debe ir de la mano de iniciativas que apuesten por que los servicios de salud sean adecuados a las necesidades, de calidad aceptable y acordes con las necesidades de las niñas y de las mujeres.

Viendo a la mujer como parte del sistema sanitario, en el sentido de trabajadora del mismo, otra cuestión a mencionar es la escasa representación que tienen en los puestos ejecutivos o de gestión. Por lo general, los datos indican que las mujeres que trabajan en la rama sanitaria suelen percibir sueldos más bajos y estar expuestas a mayores riesgos de salud ocupacional. En el caso de fijar el punto de mira en su función como prestadoras informales o subsidiarias de asistencia sanitaria en el hogar o la comunidad, la cuestión principal es que no suelen recibir reconocimiento ni remuneración alguna por su trabajo.

 Nota

El hecho de que las chicas entiendan la diferencia entre relación amorosa sana y maltrato psicológico es fundamental para su salud psicológica y sexual

La OMS destaca como aspectos clave, a modo de conclusión, algunas cuestiones que se describen:

1. **Creación de una respuesta institucional coherente.** Las respuestas que se dan a nivel nacional e internacional a los problemas de salud enfocados a las mujeres tienen un alcance limitado, no abarcan todos

los elementos que deberían. Para progresar de forma efectiva será imprescindible desarrollar programas de acción coherente. Para ello, la participación activa y plena de las mujeres y las organizaciones que las representan es esencial. La cuestión es que se conocen tanto los recursos como las intervenciones que son necesarias pero la puesta en marcha aún no ha llegado. A este respecto, hace falta más colaboración para crear estructuras de apoyo nacional e internacional.

2. **Conseguir que los sistemas de salud se unifiquen en favor de las mujeres.** En el presente informe se pone de manifiesto la necesidad de fortalecer los sistemas de salud de forma concreta en la mujer, no tratándose de algo limitado a las cuestiones de la salud sexual y reproductiva. Hasta el momento, el progreso que se está logrando en este sentido se basa precisamente en estos servicios, quedando poco cubiertos otros como la salud mental, la violencia sexual y el cáncer del cuello uterino.

 Actividades

10. Desde su punto de vista, ¿en qué temáticas deberían los sistemas de salud pública fortalecerse en cuanto a la temática de salud en la mujer, independientemente de la salud sexual y reproductiva? Puede dar su opinión o buscar información al respecto. Justifique la respuesta.

En el informe de la Organización Mundial de la Salud se refleja que muchas de las causas principales de morbilidad de las mujeres tienen su origen en las actitudes que la sociedad marca hacia ellas.

El informe incluso presenta ejemplos de políticas de este tipo. Entre ellas destacan las medidas basadas en la concienciación de la importancia educativa de las niñas o en las aportaciones que las mujeres de mayor edad puedan hacer a la sociedad.

Aplicación práctica

Imagine que trabaja para la Organización Mundial de la Salud y le envían a España para informar y asesorar a los agentes del Ministerio de Sanidad sobre las medidas que se han presentado en el último informe elaborado para paliar las carencias en salud de las mujeres. Debe informar de las medidas y posibles actuaciones que se pueden realizar para superar las barreras de género a nivel sanitario. ¿En qué aspectos se basaría?

SOLUCIÓN

En primer lugar asesoraría para que las líneas generales de la intervención se sustenten en:

I Enfocar los programas nacionales de salud utilizando de manera independiente datos separados por sexo y por edades.
I Integrar las cuestiones de género en los programas enfocados a diferentes enfermedades.
I Establecer vínculos entre los ministerios sanitarios y las organizaciones gubernamentales y sociales que trabajan en ámbitos tales como la educación, la prevención de la violencia, las reformas legales, etc.
I Apostar y apoyar por una mayor representación y una participación más significativa en los organismos, asociaciones y entidades dedicadas a la investigación y al fomento de la salud de grupos de mujeres, jóvenes y expertas en cuestiones de género.

De forma más específica, el asesoramiento podría enfocarlo hacia:

I Capacitar a mujeres y niñas para que puedan tratar y vivir con seguridad sus relaciones sexuales. Promover el preservativo en las prácticas sexuales más seguras.
I Entender e interiorizar el concepto de violencia contra la mujer y las prácticas que suponen una verdadera violencia tanto física como psicológica.
I Comprometer a hombres y niños con las normas y actitudes que fomentan la igualdad de género. Aquí juegan un papel importante los organismos sociales y educativos.
I Aumentar el acceso personal a la información a través de las nuevas tecnologías que están al alcance de la mano de cualquier mujer, especialmente las adolescentes.
I Ayudar a que las mujeres en su papel de cuidadoras, entiendan los riesgos físicos que puede conllevar cuidar a una persona enferma. Apostando en este sentido por medidas preventivas.
I Incluir programas educativos sobre la salud y las enfermedades apropiados para cada edad y que estén disponibles para el uso personal de las mujeres.

6. Integración de la perspectiva de género sobre los temas sectoriales en materia de urbanismo en: transporte, espacio público y seguridad, vivienda, actividad económica, equipamientos, comercio y ocio

La implantación de la perspectiva de género en los temas o cuestiones de urbanismo nacional está basada en la normativa estatal y autonómica. De ellas se desprenden algunas guías y manuales que concretan y especifican las políticas de urbanismo a nivel más concreto, relacionándolas con la movilidad, la vivienda, la actividad económica o los equipamientos locales. En este sentido, tanto a nivel nacional como autonómico y local, se publican de forma más contextual otros manuales.

Destacan las "Directrices para la elaboración e implementación de un plan de movilidad urbana sostenible" (2020), publicado por la Plataforma europea sobre planes de movilidad urbana sostenible. En ella se describe la importancia de integrar la perspectiva de género al enfoque urbano de cualquier localidad o provincia.

Anteriormente, los esfuerzos relacionados con el urbanismo no hacían mención a la perspectiva de género, en el sentido de que era un concepto que no se relacionaba con el género, quizás por no haber tenido en cuenta las peculiaridades que podían estar influenciando a las mujeres.

Al hablar de temas sectoriales en materia de urbanismo existe una diferencia entre distintas cuestiones tales como:

- Transporte.
- Espacio público, seguridad y vivienda.
- Actividad económica.
- Equipamientos, comercio y ocio.

6.1. Transporte

Actualmente, tanto en las grandes ciudades como en las pequeñas localidades, los hábitos de movilidad están basándose en el uso del transporte público y privado. Ancestralmente, esto era algo impensable, ya que no existían los transportes. Posteriormente, se fueron creando diversos medios de transporte público que eran usados por el hombre para dar lugar con el paso de los tiempos al transporte privado. En ambos casos, el uso de estos medios era casi exclusivo del hombre, ya que era el que se tenía que desplazar para trabajar. Además, la mujer estaba supeditada al hombre si necesitaba cualquier desplazamiento por temas de salud o familiares. Es más, no disponía del permiso de conducción y era un acceso algo impensable para la mujer hace algunos años.

En la era actual, los hábitos de movilidad en las ciudades destacan por una dependencia creciente respecto del vehículo privado. De hecho, en una misma casa se matriculan diferentes vehículos pertenecientes a las personas que integran la unidad familiar. Este uso generalizado supone un gran consumo, tanto de espacio como de energía, que debe ser regularizado para el bienestar tanto de hombres, mujeres como niños y niñas. Los impactos medioambientales que ello está ocasionando establecen la necesidad de apostar por un sistema efectivo de desplazamiento, pero menos contaminante.

 Recuerde

En las "Directrices para la elaboración e implementación de un plan de movilidad urbana sostenible" se apuesta por la perspectiva de género en materia de urbanismo.

El uso del transporte que se hace actualmente está enmarcado de forma distinta, bien se trate de su uso para la mujer o para el hombre. Los desplazamientos que realizan los hombres suelen ser más de tipo lineal, ya sea mediante el transporte público o el transporte privado. Ambos son usados principalmente para ir diariamente al lugar de trabajo. En este sentido, recorren los mismos desplazamientos de forma diaria. Los lugares a los que suelen acudir están centralizados en determinados núcleos urbanos, en los que se ubican la mayoría de las empresas. Por tanto, son zonas que disponen de paradas de transporte que, además de ser más frecuentes son más numerosas.

En el caso de la mujer, sus desplazamientos no suelen seguir una línea de movimiento continuado, ya que ellas frecuentan diversos lugares urbanos a lo largo del día o la semana. De este modo, acuden a realizar compras, solventar dudas administrativas, recoger a los niños del colegio, realizar algún deporte, etc. Estos destinos no están ubicados todos en el mismo lugar y menos aún en los centros estratégicos de la ciudad. Por ello, tanto la disponibilidad como la frecuencia de los medios de transporte son irregulares, lo cual genera dificultades de movilidad para la mujer. Estas dificultades se hacen más latentes en las zonas alejadas o desfavorecidas de las ciudades.

Los planes de urbanismo actuales apuestan por acercar los medios públicos de transporte a la mujer y a sus necesidades diarias, creando o extendiendo los núcleos tanto de los autobuses, metros como tranvías. Esto supone un avance en cuanto a la igualdad de perspectiva de género. La cuestión estriba en una mayor inversión económica que parta del análisis detallado de estas circunstancias y, lo que es más importante, de una concienciación de la perspectiva de igualdad de género enfocada al ámbito del urbanismo.

6.2. Espacio público, seguridad y vivienda

En los últimos años, la violencia urbana ha adquirido un protagonismo sin precedentes en algunos países. En España, esta violencia urbana creciente demuestra que no está ajena de los problemas de violencia que hasta el momento estaban sufriendo especialmente países de Latinoamérica. Otra cuestión que salta a la vista es el hecho de que no se cuenta con un espacio público que ofrezca seguridad al sexo femenino. Es un hecho preocupante por tanto, ya que afecta a las mujeres en sus diferentes edades, desde la infancia, la adolescencia hasta la vida adulta.

El tema de la seguridad en el espacio público es un tema complejo y multicausal que presenta serios y duros impactos sobre el ejercicio de la ciudadanía. Sin embargo, investigadores como Carrión (2007) sostienen que todavía "su conocimiento es limitado tanto en las causas y características del fenómeno, como de los mecanismos que se ponen en marcha para reducir su identidad y efecto". Ciertamente, la seguridad ciudadana en el espacio público debería estar garantizada, ya que es crucial para permitir una convivencia segura y garantizar los derechos humanos. Las mujeres son las que especialmente reciben las consecuencias de la menor o mayor seguridad ciudadana, ya que es un colectivo más vulnerable. Numerosas viviendas están ubicadas en zonas rurales o urbanas alejadas del casco central y de las zonas de mayor movimiento ciudadano. Estos lugares cuentan a su vez con menor protección policial, lo cual incrementa la inseguridad ciudadana. Se debe ser consciente de que las mujeres que viven en estas zonas de la ciudad necesitan realizar su vida cotidiana al igual que lo hacen sus parejas y es crucial que lo hagan de forma segura. Ello implica desplazarse hacia las zonas con más comercios, colegios, administraciones, etc. Para ello, usan el camino a pie o el transporte público que, dicho sea de paso, es más carente en estas zonas. Estos desplazamientos se unen a la práctica deportiva que a veces realizan en las zonas cercanas a sus domicilios, práctica que es temida una vez más por la inseguridad ciudadana.

 Nota

El desplazamiento diario del hombre sigue un sentido lineal, es decir, que recorren el mismo camino diariamente y cuentan con una mayor localización y frecuencia de los medios de transporte a su alcance.

Desde que se aprobó la Ley Orgánica 1/2004, de 28 de diciembre, de Medidas de Protección Integral contra la Violencia de Género, se ha contemplado un cambio en los medios de comunicación. Ha supuesto una vía casi indirecta que ha llevado a la sociedad a reflexionar sobre las relaciones patriarcales tan intrínsecas en la sociedad española y a entender que la perspectiva de género y la prevención de la violencia contra las mujeres deben formar parte de las políticas municipales en favor de la seguridad urbana y social.

Centrando la cuestión de forma más concreta en la vivienda que se ubica dentro de este entramado público urbano, parte de estos nuevos edificios se crean en zonas despobladas o con menos población. Para economizar más el espacio o territorio local, la mayoría se alzan en los polígonos en los que se construyen bloques de viviendas modernas tipo piso o casa adosada. Ubicar estas viviendas en la periferia de las ciudades está generando una vida cotidiana limitada basada en el aislamiento tanto de recursos laborales, económicos, políticos como relacionales.

 Actividades

11. Reflexione y muestre su opinión sobre el hecho de que ubicar las viviendas en la periferia de las ciudades esté generando una vida cotidiana limitada, basada en el aislamiento de recursos.
12. Busque información sobre los aspectos que hay en su ciudad para fomentar la seguridad ciudadana, refiriéndose a casos concretos que se hayan puesto en funcionamiento de forma consciente para eliminar el peligro ciudadano.

6.3. Actividad económica

La actividad económica de un país ha estado supeditada tradicionalmente al trabajo remunerado realizado por los hombres en la sociedad. Desde hace varios años la mujer está contribuyendo al fortalecimiento de esta actividad económica mediante el trabajo remunerado y su correspondiente participación social. En este sentido, la perspectiva de género se hace patente de forma cada vez más creciente, sin embargo aún queda por solventar la cuestión referente a la conciliación que permita una mayor calidad de vida en las mujeres que trabajan fuera de casa. Conceptos como conciliación, corresponsabilidad y *mainstreaming* están de auge en el camino hacia la igualdad basada en el plano laboral, plano que permite una igualdad general. Si se consigue que la población se sensibilice en este sentido y comprenda la importancia de que el hombre y la mujer aprendan a conciliar y repartir tareas en el hogar, la actividad económica resurgirá considerablemente.

6.4. Equipamientos, comercio, ocio

En lo que respecta a otras de las variables que hacen referencia al urbanismo hay que centrarse en los equipamientos, el comercio y el ocio. Los equipamientos de ocio y comercio suelen estar ubicados o bien en lugares céntricos de la ciudad o bien en polígonos creados tras la expansión urbanística. En este sentido, son las mujeres las que se encargan principalmente de visitar los lugares destinados al comercio, mientras que el ocio continúa estando más enfocado hacia el hombre. El tiempo libre es algo que supone un momento de descanso y expansión de la persona, lo cual le lleva a una calidad de vida superior. En el caso de las mujeres, el tiempo libre es dedicado principalmente al cuidado de los menores, al comercio o a la casa mientras que en el hombre continúa siendo el ocio el que ocupa este espacio.

 Nota

La conciliación permitirá que la contribución de la mujer a la actividad económica sea mayor, ya que tendrá más facilidades de compaginar la vida laboral con la privada o personal.

El ocio incluye una serie de actividades que permiten a cada persona disfrutar de aquello que verdaderamente le gusta y le llena plenamente. El hecho de que la mujer, especialmente la mujer trabajadora, deba o considere que tiene unas obligaciones que cumplir y que son más importantes que el ocio, hace que dedique este tiempo de disfrute a tareas cotidianas o al cuidado de los hijos. Son aspectos que deben ir cambiando en la sociedad, siendo una cuestión fundamental concienciar de la importancia de la conciliación entre hombre y mujeres.

7. Implantación de proyectos de igualdad en función del contexto específico donde se intervenga

El desarrollo de proyectos de igualdad es algo por lo que se apuesta diariamente en la sociedad española; supone un principio que debe tener una materialización y un fin próximo. Sin embargo, es cierto que no es posible realizar proyectos generales que puedan ser aplicados a todo el territorio nacional, sino que a la hora de implantarlos se debe considerar el contexto en el que se encuentra.

En España existen Comunidades Autónomas, cada una de la cuales cuenta con diversas provincias y localidades que las componen. Observando la cultura española se presenta una gran diversidad dependiendo, por un lado, de la zona geográfica que se trate. De este modo la zona norte tiene una cultura y características sociales diferenciadas de la zona sur del país. Del mismo modo, existen etnias diferentes incluso dentro de una misma localidad. Los núcleos de trabajo también son diferentes dependiendo no solo de la región, sino también de la formación y especialización de las personas que se encuentran en ella. Con todo esto se quiere demostrar cómo la implantación de un proyecto de igualdad está en función del contexto donde se intervenga.

Además, en su elaboración es importante hacer una diferenciación de los proyectos una vez que se pongan en marcha en una determinada localidad en función de las características de la misma. Lo que sí es de suma importancia es que cualquier proyecto de igualdad que se elaborare y desarrolle, independientemente de la ciudad en que se implante, ha de tener presente y comprender aspectos tales como: la salud, educación, ocio, conciliación de la vida personal, familiar y laboral, movilidad y gestión de tiempos. Es por ello, que deben ser proyectos estudiados con detalle y en los que participen diversos profesionales especializados en las distintas temáticas.

7.1. Elaboración de proyectos

En la elaboración de un proyecto de igualdad es importante, en primer lugar, recoger datos significativos del entorno, las muestras de personas, los indicadores y demás elementos relevantes de estudio. Una vez determinadas las variables propias del estudio o análisis, se pasará a recoger datos de las mismas para ver si es efectivo realizar o no un proyecto, siguiendo las líneas y los objetivos marcados.

Entre los principales instrumentos de recogida de datos se encuentran:

- **La encuesta:** son preguntas amplias en las que se piden datos generales. Las interpretaciones de estos datos corren el riesgo de ser subjetivas.
- **Los cuestionarios:** están compuestos por preguntas de diferente tipología (test, libres, verdadero-falso) que recogen datos más objetivos.
- **Las entrevistas:** pueden ser individuales o grupales. En ellas se puede tener un guión preestablecido aunque debe ser semiestructurado.

De esta recogida de información y del análisis de los datos se encargará un equipo de personas expertas que persiguen de forma activa el diseño de la recogida. Para el análisis de los datos recogidos, los especialistas usarán programas o métodos estadísticos. Estos métodos serán diferentes según las variables y sus tipologías. En caso de comparar 2 variables se puede usar el *Test de Student* y si se cuenta con más de 2 variables uno de los más conocidos es *el Test de análisis de la varianza* (ANOVA). Ambos son métodos estadísticos que, introduciendo los datos en un programa informático y enlazando unas variables con otras, proporcionan datos significativos.

El tercer paso será el diseño del proyecto en sí, en el que se plasmarán todos los aspectos que se quieran destacar a modo de variables. La programación de este proyecto deberá estar ajustada a los elementos clave que debe recoger cualquier proyecto independientemente de la temática a tratar. Estos elementos serán:

- **Objetivos:** que se pretenden conseguir con la implantación de dicho proyecto; los objetivos han de estar definidos, como las finalidades que se persiguen.
- **Contenidos:** que se desarrollarán en el proyecto, entendiéndose como las actividades a realizar.
- **Metodología:** que implica el modo en el que se van a recoger las variables, el método a usar y los condicionantes del mismo.

- **Criterios de evaluación:** como criterios para evaluar los resultados obtenidos a corto y largo plazo.

La finalidad de cualquier proyecto es llevar a cabo la propuesta de actuaciones o contenidos planteados y que con ellos se puedan alcanzar los objetivos del mismo. Todo se hará partiendo de las estrategias metodológicas que se especifiquen.

El seguimiento permitirá comprobar si los objetivos propuestos se culminan, no solo en el momento de su desarrollo, sino un tiempo después de su implantación. Este será el modo de comprobar la efectividad a largo plazo, que demostrará si realmente el objeto de estudio y trabajo es efectivo, eliminando las variables aleatorias. Estas actividades o actuaciones se valorarán tras su implantación, pudiendo realizar modificaciones de las mismas de forma continua o bien final. La intención no es más que adecuarse a los objetivos propuestos.

Lo ideal cuando se realiza un proyecto de igualdad será la divulgación de los resultados obtenidos, lo cual dará pie a que otras personas de otras localidades o sectores conozcan los resultados de las variables que se han estudiado. Gracias a la divulgación de proyectos de igualdad se está consiguiendo que se avance en el campo de la igualdad y que se entienda la importancia que determinadas actuaciones pueden tener en la población.

 Aplicación práctica

Se parte del supuesto de que es alumno de un curso de igualdad que imparte el ayuntamiento y que tiene que elaborar un proyecto de igualdad efectiva de mujeres y hombres. El proyecto se hará en grupos de dos personas. Su proyecto debe contener elementos de igualdad a nivel de salud, educación, ocio, conciliación, movilidad y gestión de tiempos.

Determine cómo se denominará su proyecto, por qué elige esa temática de estudio y cuáles serán los elementos que contendrá dicho trabajo para seguir las líneas de cualquier proyecto efectivo. Además explique si considera necesaria su divulgación y por qué.

Continúa en página siguiente >>

<< Viene de página anterior

SOLUCIÓN

1. Determinar los instrumentos de recogida de datos. Será necesario que los datos provengan de diferentes fuentes. Los datos se englobarán en varios aspectos que se trabajarán de forma independiente pero valorando la relación que puede haber entre ellos. Estos aspectos serán: salud, educación, ocio, conciliación, movilidad y gestión de tiempos.
2. Analizar la información recogida.
3. Diseñar el proyecto a modo de incluir todas las variables que lo van a componer: objetivos de estudio, contenidos, criterios de evaluación, aspectos metodológicos.
4. Seguimiento del proyecto a medio y largo plazo.
5. Publicación y divulgación de resultados: es crucial en el caso de un proyecto de género ya que los resultados permitirán ampliar los conocimientos al respecto y realizar posibles avances sociales.

---

8. Resumen

La salud biopsicosocial entendida como concepto que abarca la diversidad de enfoques de una salud integral en la mujer, entiende como base fundamental no solamente la salud biológica sino también la salud psicológica y social o emocional. Este concepto que se recoge de forma teórica, debe observarse y analizarse en la mujer para poder intervenir efectivamente en la salud integral.

Un aspecto clave en la salud de la mujer hace referencia a la salud sexual y reproductiva, al ser un engranaje relacionado con el sexo femenino. Dentro de la sexualidad se ha descrito una serie de derechos sexuales y reproductivos que deben recoger las políticas de igualdad.

Aspectos tales como la salud, la educación, el ocio o la conciliación llevan a asignar roles de género diferenciados que no hacen más que mermar la igualdad. Por ello, la Organización Mundial de la Salud parte de la necesidad de aunar criterios junto con una diferenciación de aspectos claves, especialmente en el campo de la salud, que entienda aquellas variables de la salud de la mujer que presentan características concretas y que se apueste por unificar criterios en cuanto a la investigación sobre salud en ambos sexos.

Ejercicios de repaso y autoevaluación

1. **Entre las líneas básicas que definen los aspectos biopsicosociales de género aplicados al concepto de salud se encuentran:**

    a. Evitar la *patologización* y medicalización en la práctica clínica.
    b. Tratar a la mujer de forma independiente en la sanidad.
    c. Estudiar los aspectos sociales que enmarcan la conciliación.
    d. Marcar las diferencias clínicas que rigen la salud en mujeres españolas.

2. **Relacione los determinantes biopsicosociales con su definición:**

    a. Factores biológicos
    b. Factores sociales
    c. Factores psicosociales
    d. Factores subjetivos

    __ Suponen modos de vida diferentes
    __ Biología diferencial
    __ Se relacionan con las formas de enfermar
    __ Representan las vivencias personales

3. **Las Naciones Unidas definen la salud sexual y reproductiva como:**

    a. Estado general de bienestar físico y no de mera ausencia de enfermedad o dolencia. Entraña además la capacidad de disfrutar de una vida sexual, con la peculiaridad de impedir los abortos como principio de vida.
    b. Estado general de bienestar social y sexual de una persona, incluyendo todo lo que pueda estar relacionado con la libertad sexual.
    c. Estado de mera ausencia de enfermedad o dolencia, comprendiendo de forma específica la capacidad de disfrutar de una vida sexual satisfactoria y sin riesgos, y de procrear, y la libertad para decidir hacerlo o no hacerlo, cuándo y con qué frecuencia.
    d. Estado general de bienestar físico, mental y social y no de mera ausencia de enfermedad o dolencia. Entraña además la capacidad de disfrutar de una vida sexual satisfactoria y sin riesgos, y de procrear, y la libertad para decidir hacerlo o no hacerlo, cuándo y con qué frecuencia.

4. Relacione los siguientes términos:

    a. Organización internacional del trabajo
    b. Convención sobre eliminación de formas de discriminación en la mujer
    c. Conferencia Internacional sobre población y desarrollo
    d. Conferencia de Beijing

    __ Planificación familiar
    __ Plataforma de Acción en favor de la salud sexual y reproductiva
    __ Protección de la maternidad
    __ Introduce el concepto de salud sexual y reproductiva

5. **Entre los componentes de salud sexual y reproductiva para la mujer como medios para potenciar su salud general se encuentran:**

    a. Sensibilización e información en caso de las infecciones de transmisión sexual, servicios de aborto permitido legalmente y mecanismos de prevención y tratamiento apropiado de la infertilidad que permitan a todas las personas aumentar sus posibilidades de ser padres.
    b. Sensibilización e información en caso de las enfermedades médicas más probables, servicios de aborto tanto permitido como no permitido legalmente y mecanismos de prevención y tratamiento apropiado de la infertilidad que permitan a todas las personas aumentar sus posibilidades de ser padres.
    c. Curación de las infecciones de transmisión sexual, servicios de aborto permitido legalmente y mecanismos de prevención y tratamiento apropiado de la infertilidad que permitan únicamente a las mujeres aumentar sus posibilidades de ser madres.
    d. Potenciar el aborto entre las jóvenes que no desean tener hijos y mecanismos de prevención y tratamiento apropiado de la infertilidad que permitan a todas las personas aumentar sus posibilidades de ser padres.

6. Determine si la siguiente oración es verdadera o falsa:

a. La Organización Mundial de la Salud publicó un informe denominado "Las mujeres y la salud, los datos de hoy y la agenda de mañana" en la que recoge las diferencias de roles de género en salud. Este informe es un compendio bastante concluyente a pesar de estar desfasado ya que se elaboró en el año 1980.

    ☐ Verdadero
    ☐ Falso

7. El concepto "normas de género" desemboca en consecuencias de salud para la mujer y es definido como:

a. Las normas de género hacen referencia a las creencias y costumbres que se originan y transmiten en una sociedad y que definen lo que es socialmente aceptable.
b. Las normas de género hacen mención a las diferencias de género, suponen los obstáculos en el acceso a los servicios sanitarios que las mujeres pueden recibir en un estado.
c. Las normas de género son las normas que a nivel mundial se marcan por la Organización Mundial de la Salud en cuanto a aspectos claves de género.
d. Las opciones a y b son correctas.

8. Relacione cada modelo con una característica.

a. Modelo tradicional
b. Modelo en transición
c. Modelo contemporáneo
d. Modelo igualitario

__ Evoluciona por el acceso laboral y educativo
__ Basado en la división social del trabajo
__ Relaciones de colaboración entre los sexos
__ Basado en el consumo de bienes materiales

9. **Las enfermedades que son padecidas únicamente por uno de los sexos, debido a sus características biológicas se denominan:**

    a. Enfermedades exclusivas para cada sexo.
    b. Enfermedades mixtas.
    c. Enfermedades de ambos sexos.
    d. Enfermedades masculinas o femeninas.

10. **Desde la entrada en vigor de la Ley Orgánica 1/2004, ¿qué se ha ido integrando en las políticas municipales sobre seguridad urbana y social?**

    a. La perspectiva de género.
    b. El plan de igualdad de la entidad local.
    c. La prevención de la violencia contra las mujeres.
    d. La figura del delegado de seguridad en igualdad.

Glosario

Brecha de género

Distancia que existe entre mujeres y hombres con relación al acceso, participación, asignación, uso, control y calidad de recursos, servicios, oportunidades y beneficios del desarrollo en todos los ámbitos de la vida social.

Brecha digital de género

Diferencia entre las personas que usan las nuevas tecnologías como parte de su vida diaria, en comparación con aquellas otras que no tienen acceso a las tecnologías de la información y la comunicación o bien no saben utilizarlas, aunque dispongan de ellas.

Brecha salarial

Es la diferencia encontrada entre los salarios del sexo masculino y los del sexo femenino, expresada como un porcentaje del salario masculino.

Cadena de tareas

Tareas que una persona realiza a lo largo de su jornada diaria incluyendo tareas laborales, domésticas, de cuidado, de ocio, etc.

Calidad de vida

Significa tener en general unas condiciones objetivas de vida satisfactorias junto con un elevado grado de bienestar personal, este último entendido en términos subjetivos.

Centros de día

Instalaciones especializadas en la acogida diaria de personas dependientes o de la tercera edad. En ellas un grupo de profesionales se encargan de la prevención, tratamiento y cuidado de las personas que a ellos acuden.

Coeducación

Principio educativo que parte de la igualdad entre sexos y la no discriminación entre hombres y mujeres.

Conciliación

Conseguir un equilibrio satisfactorio entre ambos sexos, en el plano del compromiso y equilibrio entre la vida personal, familiar y laboral.

Corresponsabilidad

Equilibrio en el reparto de responsabilidades domésticas entre hombres y mujeres.

Crecimiento personal

Conciencia y aumento de las potencialidades humanas de una persona, independientemente de su edad. Se enfoca especialmente a aspectos de nivel psicológico y espirituales.

Discriminación

Excluir a alguna persona o tratarla de modo inferior, basándose en ciertas características físicas, ideológicas, culturales, religiosas o sexuales.

Empleabilidad

Potencial que tiene un individuo para ser requerido por las empresas. La empleabilidad de una persona depende de cuatro factores: los conocimientos técnicos, las destrezas, las habilidades y la actitud de búsqueda ante lo que ofrece el mercado y las demandas laborales.

Epidemiología

Ciencia que trata acerca del estudio de las poblaciones, centrándose en las enfermedades infecciosas o que se propagan entre la población.

Equidad

Uso de la imparcialidad para reconocer y aceptar los derechos de cada persona, sean de las condiciones que sean (sexuales, religiosas, políticas...).

Espacio privado

Aquel espacio que permite ocuparse de sí mismo, parcela de la que disfrutan principalmente los hombres después de su desempeño laboral en el ámbito público. En la mujer se relaciona con las tareas domésticas.

Espacio público

Se identifica con la vida productiva: laboral, social, política y económica, el cual a lo largo de los tiempos se ha relacionado de forma más directa y visible con la figura masculina. Este espacio está relacionado directamente con el reconocimiento y la vida social.

Esperanza de vida

Es la media de la cantidad de años que vive una determinada población o persona individual.

Familias monoparentales

Familias constituidas únicamente por un miembro de la unidad patriarcal, es decir solo por la madre o por el padre, que convive junto con sus hijos.

Igualdad de oportunidades

Idea de justicia social determinada por el trato igualitario entre los dos sexos en cuanto a oportunidades en las diferentes áreas de la vida.

Indicador de género

Son las medidas específicas que permiten evidenciar y cuantificar las desigualdades existentes entre hombres y mujeres en un contexto determinado.

Índice de distribución

Es el porcentaje de un sexo en relación con el otro referido a una variable. Es útil para interpretar diferencias entre sexos en relación con una variable que se quiera medir.

Índice de feminización

Índice que representa a las mujeres con relación a los hombres en la categoría de una variable medida.

Infraestructura

Conjunto de elementos o medios que se consideran imprescindibles para una organización o el desarrollo de una actividad concreta.

Instituto de las Mujeres

Organismo nacional responsable del desarrollo de medidas y actuaciones en favor de la mujer. Sus funciones abarcan desde la lucha contra la discriminación, la sensibilización de género, el fomento del desarrollo normativo, el seguimiento e intervenciones en casos de desigualdad de género.

Mainstreaming

Concepto que intenta ir más allá de la igualdad, implicando la organización, mejora, desarrollo y evaluación de los procesos políticos, con la finalidad de que la perspectiva de igualdad de género se incorpore en todas las políticas, niveles y etapas.

Movimiento asociativo

Implica la asociación entre diversas personas que tienen unas ideologías comunes y que luchan en favor de las mismas.

Organización Mundial de la Salud

Es la institución perteneciente a la Organización de las Naciones Unidas (ONU) creada en 1948 y dedicada plenamente a la salud mundial.

Personas dependientes

Personas que necesitan para desenvolverse diariamente la ayuda de terceros debido a sus deficiencias y/o limitaciones.

Plan de Calidad

Es un Plan que se estructura en base a unos principios que apuestan por la calidad en un sector determinado o global de la población.

Salud biopsicosocial

Concepto de salud que postula que el factor biológico, el psicológico, el emocional y social desempeñan un papel significativo de la actividad humana en el contexto de una enfermedad o discapacidad.

Salud integral

Conjunto de factores biológicos, emocionales y espirituales que contribuyen a un estado de equilibrio en el individuo.

Salud reproductiva

Estado de completo bienestar en los aspectos relativos a la reproducción en todas las etapas de la vida.

Seguridad ciudadana

Acción del Estado en colaboración con la ciudadanía y otras organizaciones, destinada a asegurar su convivencia pacífica, evitando la violencia y la comisión de delitos y faltas contra las personas y sus bienes.

Sensibilización

Aumento en la capacidad de experimentar sensaciones a nivel individual en torno a una persona o temática concreta.

Trabajo no remunerado

Trabajo realizado por una persona que no conlleva retribución económica.

Transversalización de género
Proceso que implica valorar las repercusiones de las acciones planificadas a nivel de legislación, política o programas, tanto para los hombres como para las mujeres. Se basa en la igualdad de género, pretendiendo que las preocupaciones y experiencias de las mujeres se traten igual que las de los hombres.

Bibliografía

Monografías

CRIADO, C.: *La mujer invisible*. Barcelona: Planeta, 2020.

HERNANDÉZ Casaus, A.: *Conectando Generaciones. Cerrando la Brecha Digital con Empoderamiento y Motivación.* Amazon Digital Services LLC - Kdp, 2023.

MARTÍNEZ, C.: *Brecha salarial de género y discriminación retributiva: causas y vías para combatirlas.* Albacete: Editorial Bomarzo, 2019.

PANDEA, A. R, GRZEMMY, D. y KEEN, E.: *El género sí importa. Manual sobre cómo abordar la violencia de género que afecta a los jóvenes.* Ministerio de igualdad, 2020.

VV. AA.: *Género y Salud. Apuntes para comprender las desigualdades y la violencia basadas en el género y sus repercusiones en la salud.* Madrid: Ediciones Díaz de Santos, 2018.

Textos electrónicos, bases de datos y programas informáticos

Catálogos Intercambia. Ministerio de Educación, Formación Profesional y Deportes, de: <https://www.educacionfpydeportes.gob.es/mc/intercambia/publicaciones-del-ministe-rio/catalogo-intercambia.html>.

Guías de Práctica Clínica en el Sistema Nacional de Salud, de: <https://portal.guiasalud.es/gpc/>.

▍Observatorio de Salud de las Mujeres. Ministerio de Sanidad, de: <https://www.observatoriosaludmujeres.es/>.

▍Organización de Naciones Unidas, de: <http://www.un.org>.

▍Organización Internacional del Trabajo, de: <http://www.ilo.org>.